E. 2383.
A.

(Par l'abbé Morellet.)

LE MANUEL

DES

INQUISITEURS.

LE MANUEL

DES

INQUISITEURS,

A L'USAGE

DES INQUISITIONS

D'Espagne & de Portugal.

OU

ABREGE'

De l'Ouvrage intitulé :

DIRECTORIUM INQUISITORUM,

Composé vers 1358 par *Nicolas Eymeric*, Grand Inquisiteur dans le Royaume d'Arragon.

On y a joint une courte Histoire de l'établissement de l'Inquisition dans le Royaume de Portugal, tirée du latin de Louis à Paramo.

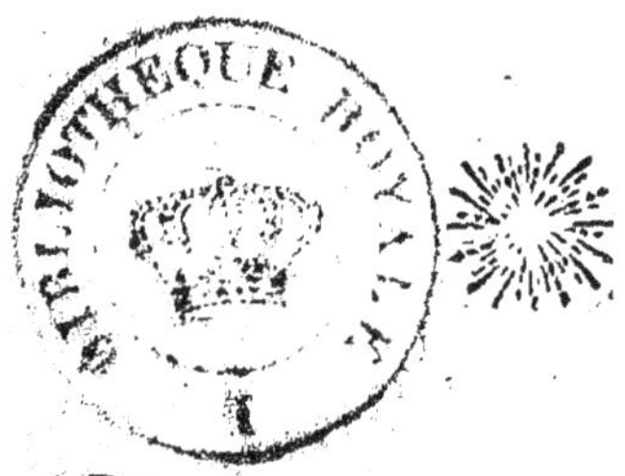

A LISBONNE,

M. DCC. LXII.

AVERTISSEMENT
DE L'ÉDITEUR.

*L*E R. P. Malagrida, Jésuite, ayant été brûlé à Lisbonne le 20 Septembre de la présente année 1761, en vertu d'un Accordao, de la Sainte Inquisition; Le R. P. Norbert, ci-devant Capucin, & aujourd'hui Janséniste, sous le nom de l'Abbé Platel, a imprimé qu'en y regardant de plus près, il trouve que l'Inquisition est une fort bonne chose.

On comprend facilement, qu'au temps où nous sommes, les Jésuites ne peuvent pas être sur cela de l'avis du Capucin. Ils ont voulu combattre cette prétention; & pour donner une idée désavantageuse de la Jurisprudence du Saint Office, & justifier par-là, s'il est possible, leur R. P. Malagrida ils ont fait faire par un ami de la Société, l'Ouvrage que nous préſentons ici au Public.

Nous remarquerons à ce ſujet, qu'il s'eſt fait en peu d'années, un changement bien conſidérable dans les Maximes des deux Partis. Depuis feu Janſénius, les Janſéniſtes crioient contre la perſécution, & les Jéſuites trouvoient la perſécution fort raiſonnable. Aujourd'hui c'eſt tout le contraire. C'eſt que les circonſtances ſont changées ; on ne donne plus de Lettres de cachet aux Janſéniſtes, & on commence à brûler les Jéſuites. Or en changeant de Rôle, les uns & les autres ont changé d'opinion ; mais on devoit s'y attendre. Il eſt tout ſimple que ceux qui brûlent, ſoutiennent qu'il eſt fort raiſonnable de brûler, & que ceux qu'on brûle, le trouvent fort mauvais. Cela n'eſt pas bien conſéquent ; mais. c'eſt la nature toute pure.

Comme nous nous sommes toujours picqués d'une exacte neutralité entre les Jésuites & les Jansénistes ; si nous avons cru pouvoir faire imprimer cette piece qui nous paroît assez favorable aux RR. PP. nous sommes prêts à communiquer aussi au public, ce que les Jansénistes pourront dire pour la défense des Tribunaux de la sainte Inquisition.

Voici, par exemple, un raisonnement que les Jansénistes pourront employer en faveur du saint Office. La Jurisprudence de l'Inquisition, développée dans l'ouvrage d'Eymeric, paroît avoir été approuvée & autorisée par l'Eglise. Des Conciles & des souverains Pontifes avoient dicté les Loix de ces Tribunaux ; des Evêques & des Inquisiteurs délégués par le saint Siége, les mettoient à exécution : comment ose-t-on donc les présenter comme inhumaines , & comme contraires aux principes de la morale & de la raison ?

Nous ne voyons pas trop bien quelle réponse peuvent donner les Jésuites à cette difficulté. Si le R. P. Norbert nous en croit, il ne négligera pas de se servir de cet argument.

On cherchera peut-être à justifier l'ami de la Société, en faisant remarquer qu'il a traduit littéralement le texte d'Eymeric & celui de son Commentateur, & s'est abstenu de faire aucune réflexion : à quoi on ajoutera ; que si les Maximes de l'Inquisition ainsi exposées, révoltent la raison & l'humanité, ce n'est pas la faute du Traducteur.

A la vérité, la lecture du Directoire nous a convaincu que la traduction est exacte & fidéle, & on verra que le Traducteur se refuse aux réflexions les plus naturelles ; mais son Ouvrage n'en est que plus capable par cela même, de produire l'effet qu'il en a attendu, c'est-à-dire, de rendre l'Inquisition odieuse. On voit

percer à travers ſa feinte modé-
ration une haine cruelle contre le
Saint Office ; & ſi jamais il vient
à tomber entre les mains de Meſſieurs les Inquiſiteurs , il ſera certainement brûlé : quoique brûler
ne ſoit pas répondre.

Mais pourquoi l'Auteur de l'A-
bregé du Directoire choiſit-il Eymeric parmi tant d'autres qui ont écrit
pour l'inſtruction des Inquiſiteurs ?
Il eſt vrai qu'une infinité d'Écrivains
ont traité cette matiere avec la plus
grande profondeur : on diſtingue
entr'autres l'Auteur anonyme du
Répertoire des Inquiſiteurs, *Roias*
dans ſes Singularités ſur la Foi,
Souſa dans ſes Aphoriſmes des
Inquiſiteurs, *Maſini* dans l'Arſe-
nal ſacré du Saint Office , *Alphonſus* à *Spina* dans le Fortin de
la Foi, *Calderinus* dans ſes Rubri-
ques, *Bernardus Comenſis* dans ſa
Lanterne des Inquiſiteurs , *Locatus* , *Ancharatus* , *Campegius* ,

Zanchinus , Felynus , Hugutius ,
Carrerius , Grillandus , Ananias ,
Simancas, Gigas, Abbas, Andreas,
Diaz, Covarruviaz, Prieraz & Due-
gnas , &c. Tabienfis & Gomes ,
Squillacenfis, Sallelès, &c. Les noms
de ces grands hommes paﬀeront
ſans doute à la poſtérité comme leurs
Ouvrages ; mais en leur rendant
juſtice, nous avouons que les raiſons
que l'Auteur apporte de la préfé-
rence qu'il a donnée à Eymeric, nous
paroiſſent tout-à-fait déciſives. Nos
Lecteurs s'en convaincront , en liſant
la Préface ſuivante.

Nous ne diſons rien de la courte
Hiſtoire de l'origine de l'Inquiſition
en Portugal. Il eſt certain que les
Inquiſiteurs de Lisbonne doivent être
fachés qu'on remonte à leur généa-
logie.

PRÉFACE

DE L'AUTEUR

DE L'ABRÉGÉ DU DIRECTOIRE des Inquifiteurs.

LE Directoire des Inquifiteurs, dont nous donnons ici l'extrait, a été compofé environ vers le milieu du XIVe fiécle par Nicolas Eymeric , Grand Inquifiteur dans le Royaume d'Arragon.

Eymeric adreffa fon Ouvrage aux Inquifiteurs fes Confreres, en vertu de l'autorité de fa Charge.

Son livre eftimé dans les Inquifitions, & confervé foigneufement en manufcrit, y fervit dès-lors de regle de conduite & de Code criminel. Peu de tems après l'invention de l'Imprimerie , on fe preffa d'en donner une Edition à Barcelonne , qui fe répandit bientôt dans toutes les Inquifitions du monde chrétien. L'eftime générale

qu'on faiſoit de cet Ouvrage, engagea François Pegna, Docteur en
Théologie & Canoniſte, à le faire
réimprimer à Rome, avec des ſcho-
lies & des Commentaires, *in-fol.*
en 1558. Cette Edition eſt dédiée
à Grégoire XIII. Voici quelques
morceaux de l'Epître Dédicatoire,
qui feront voir l'idée qu'on avoit
de l'Ouvrage d'Eymeric.

,, Tandis que les Princes Chré-
,, tiens s'occupent de toute part à
,, combattre par les armes les en-
,, nemis de la Religion Catholi-
,, ques, & prodiguent le ſang de
,, leurs ſoldats pour ſoutenir l'u-
,, nité de l'Egliſe & l'autorité du
,, Siége Apoſtolique :..... Il eſt
,, auſſi des Ecrivains zélés qui tra-
,, vaillent dans l'obſcurité ou à ré-
,, futer les opinions des Novateurs,
,, ou à armer & à diriger la puiſ-
,, ſance des loix contre leurs per-
,, ſonnes, afin que la ſévérité des
,, peines & la grandeur des ſup-
,, plices, les contenant dans les
,, bornes du devoir, faſſe ſur eux,

,, ce que n'a pu faire l'amour de
,, la vertu..... Quoique j'occupe
,, la derniere place parmi ces Dé-
,, fenſeurs de la Religion ; je ſuis
,, cependant animé du même zéle,
,, pour réprimer l'audace impie des
,, Novateurs & leur horrible mé-
,, chanceté..... Le travail que je
,, vous préſente ici ſur le Direc-
,, toire des Inquiſiteurs en ſera la
,, preuve. Cet Ouvrage de Nico-
,, las Eymeric, reſpeƈtable par ſon
,, antiquité , contient un Abrégé
,, des principaux Dogmes de la
,, foi, & une Inſtruƈtion très-ſui-
,, vie & très-méthodique aux Tri-
,, bunaux de la ſainte Inquiſition,
,, ſur les moyens qu'ils doivent em-
,, ployer pour contenir & extirper
,, les Hérétiques..... C'eſt pourquoi
,, j'ai cru devoir en faire un hom-
,, mage à Votre Sainteté , comme
,, au Chef de la République Chré-
,, tienne , &c. »
Cette Edition eſt faite *in Ædibus*
Populi Romani au Capitole. C'eſt
au Sénat & au Peuple Romain, que

le privilége en eſt accordé ; & on voit au frontiſpice la deviſe : *Senatus Populuſque Romanus*. C'eſt celle d'après laquelle on a fait l'Abrégé ſuivant.

De fortes raiſons nous ont déterminé à choiſir cet Ouvrage, pour faire connoître les maximes & la Juriſprudence de l'Inquiſition. 1°. Le Directoire eſt un livre dogmatique fait *ex Profeſſo*, pour inſtruire les Inquiſiteurs, & pour leur ſervir de regle.

2°. Cet Ouvrage eſt autoriſé par les approbations que lui ont donné les Souverains Pontifes, toutes les Inquiſitions du monde Chrétien, & tous les Ecrivains qui ont travaillé depuis pour l'inſtruction des Inquiſiteurs.

3°. Cet Ouvrage eſt un des plus anciens parmi ceux qu'on a écrit ſur cette matiere : il a été compoſé environ 135 ans après la mort de S. Dominique, qui a été comme on le croit, le premier Inquiſiteur : ainſi les maximes qu'on y

trouve , repréſentent plus naï-
vement , & avec plus de vérité
l'eſprit des Tribunaux de l'Inquiſition , & ſont la véritable baſe ſur
laquelle s'eſt élevée la Juriſprudence du Saint Office.

Ces réflexions doivent ſuffire
pour nous mettre à couvert du
reproche qu'on pourroit nous faire
d'écrire ſur une matiere qui a déja
été traitée par beaucoup d'Auteurs.
L'extrait du *Directoire des Inqui-*
ſiteurs doit-être pour des Lecteurs
curieux & judicieux , un Ouvrage
plus intéreſſant que ceux de quelques Ecrivains comme Dellon , qui
ont été priſonniers du Saint Office,
& qui avoient à vanger leurs propres injures , ou de quelques Auteurs Proteſtans , dont l'autorité
eſt toujours un peu ſuſpecte.

On poura penſer peut être que
les maximes de l'Inquiſition ſont
bien changées depuis le quatorziéme ſiécle ; qu'au tems d'Eymeric,
comme il paroît par ſon Ouvrage
même, les Inquiſiteurs n'ayant pas

encore d'établissement fixe , & obligés de se transporter d'un endroit à l'autre pour aller au secours de la Foi , étoient forcés d'expédier les Hérétiques en bref, & de négliger des formes trop longues & trop scrupuleuses ; mais que depuis qu'ils ont eû des Tribunaux stables, leur Jurisprudence est devenue plus réguliere & plus humaine , d'où on conclura que le Tableau qu'on présente ici de l'Inquisition du quatorziéme siécle, ne ressemble pas à l'Inquisition telle qu'elle est dans le dix-huitiéme.

Nous répondons , qu'en effet , les Tribunaux de l'Inquisition ont pris successivement différentes formes : on place communément la création des premieres Inquisitions au commencement du treiziéme siécle. Les Inquisiteurs agissoient dans ce tems - là , de concert avec les Evêques ; les prisons de l'Evêque & de l'Inquisiteur étoient souvent les mêmes , & quoique dans le cours de la procédure, l'Inquisteur pût agir en son nom, il y avoit certaines choses qu'il ne pouvoit faire sans l'Evêque, comme de condamner à la prison perpétuelle, ou de faire appliquer à la question, de prononcer la Sentence définitive, &c. Les disputes survenues entre les Evêques & les Inquisiteurs sur les limites de leur autorité, sur les dépouilles des condamnés, &c. obligerent les Souverains Pontifes de rendre les Inquisitions indépendantes & séparées des Tribunaux des Evêques. Cette séparation se fit en Espagne vers l'an 1433, par le Pape Sixte IV. sous le regne de Ferdinand V. Le Pape créa un Inquisiteur Général pour l'Espagne, muni du pouvoir de nommer des Inquisiteurs particuliers, & Ferdinand fonda & dota les Inquisitions. Les Tribunaux de l'Inquisition furent établis en Portugal sur le même pied qu'en Espagne, & dans le Royaume d'Arragon, vers le commencement du siécle suivant.

Mais malgré ces changemens, les premieres maximes des Tribunaux du Saint-Office, & la forme de la procédure, resterent toujours les mêmes. Ces maximes & cette forme, étoient fondées sur les décisions des Conciles, des Souverains Pontifes & sur les Loix des Empereurs ; les Inquisiteurs qui les avoient suivies pendant qu'ils agissoient de concert avec les Evêques, & qu'ils étoient *ambulans*, les conserverent en formant leurs nouveaux établissemens.

Voici d'autres réflexions qui serviront à prouver que les maximes d'Eymeric subsistent encore dans les Tribunaux du S. Office.

1°. L'édition d'après laquelle nous donnons un abrégé du directoire, est de 1578, c'est-à-dire, postérieure de deux cent ans à l'ouvrage d'Eymeric, & de plus de cent ans à l'établissement des Tribunaux fixes de l'Inquisition en

Espagne & en Portugal. Or l'Editeur François Pegna, qui y a joint un très-grand nombre de remarques, déclare *qu'il le fait réimprimer pour l'instruction des Inquisiteurs, que cet Ouvrage est aussi admirable que respectable, & qu'on y enseigne avec autant de piété que d'érudition, les moyens de contenir & d'extirper les Hérétiques, &c.*

2°. Nous avons vû que cette édition de Pegna est dédiée à Gregoire XIII, & approuvée par ce Pape; nous ajouterons que Pegna reconnoît en plusieurs endroits, qu'il a de grandes obligations aux Cardinaux Inquisiteurs à Rome, pour les conseils qu'ils ont bien voulu lui donner, qu'il leur dédie un recueil de Bulles qui sert de supplément au Directoire, & qu'il se loue par tout des approbations authentiques que ces quatre Cardinaux ont donné à son travail.

3°. Ce même commentateur cite par-tout une infinité d'écrivains postérieurs à Eymeric, ou ses propres contemporains, qui ont fuivi pas à pas la doctrine du Directoire. Il fe plaint même qu'on a souvent profité de cet ouvrage fans faire honneur à l'Auteur des belles chofes qu'on lui déroboit, qu'au refte la bonté, la prudence & l'équité des maximes d'Eymeric en demeuroient d'autant mieux prouvées, que ces maximes étoient adoptées par un plus grand nombre d'Auteurs.

4°. On ne trouve entre le commentaire & le texte, que des différences très-légéres. Les notes de Pegna ne font que le développement des maximes du Directoire, & même quelquefois le Commentateur encherit fur la dureté de l'original.

5°. Des Auteurs encore plus modernes que Pegna, comme Soufa, Sallelès, Mafini, citent continuellement & avec éloge, Eymeric & fon Commentateur.

6°. Dans tout ce qu'ont écrit de l'état actuel des Inquifitions, Deſon , Marſollier à Limborch , on reconnoît les principes d'Eymeric & de ſon Commentateur.

Les maximes d'Eymeric ce ſont donc conſervées dans les Tribunaux du Saint-Office juſqu'à nos jours par une tradition non interrompue. Si on s'en eſt quelquefois écarté dans le fait , c'eſt ſans les abandonner dans le droit : ces adouciſſemens même ne ſe ſont gueres faits que dans les Inquiſitions d'Italie , tandis que celles d'Eſpagne & ſur-tout celles de Portugal , dont il s'agit plus particulierement , ont conſervé toute leur ancienne ſévérité. Enfin la doctrine d'Eymeric a toujours été , & eſt encore aujourd'hui la véritable baſe ſur laquelle eſt établie toute la Juriſprudence des Inquiſitions du monde Chrétien : vérité qu'il nous a paru néceſſaire d'établir,

L'ouvrage d'Eymeric eſt diviſé en trois Parties , la premiere préfente un expofé des principaux points de la foi Chrétienne , formé des décifions des Souverains Pontifes & des Conciles, & des Décrétales.

Eymeric ajoute à ces décifions , douze queftions fur la foi Catholique , plus directement relatives à l'inftruction des Inquifiteurs.

Dans la deuxieme Partie , qui eft plus confidérable que la premiere , Eymeric recueille les Décrétales des Papes , les décifions des Conciles & les Conftitutions des Empereurs , relatives aux Hérétiques & à leurs fauteurs , aux Magiciens , aux Excommuniés , aux Juifs & aux Infidéles : il joint à ces loix , la Glofe ordinaire fur les Décrétales de Gregoire I X, tit. *de hæreticis*. Le commentaire d'Henri , Cardinal d'Oftie , fur le même fujet. La Glofe fur le Sexte , au même tit. *de hæreticis*, & le commentaire de Guido de Bayfo , Archidiacre de Bologne,

La glose sur les Clementines, tit. *de hæreticis*, & le commentaire de Paul de *Leazariis*. Un extrait d'un Concile de Sarragosse, qui régle la conduite des Inquisiteurs; enfin il termine cette partie par l'éxamen de 58 questions.

La troisieme Partie est plus particulierement l'ouvrage d'Eymeric, (car les deux autres, ne sont, comme on vient de le voir, que des compilations,) elle est divisée en trois sections : la premiere traite de la maniere dont on doit commencer le Procès en matiere d'hérésie; la deuxieme, de la maniere de le continuer, & la troisieme, de la maniere de le conclure. Cette troisieme partie est suivie, comme les deux autres, de questions au nombre de cent trente-une, qui servent à développer & à expliquer les régles que l'Auteur à données.

Nous avons cru devoir nous écarter de l'ordre suivi par Eymeric , pour épargner à nos lecteurs les répétitions sans nombre dans lesquelles cet Auteur est tombé , & qui étoient une suite nécessaire du plan informe qu'il a suivi , & nous avons rapporté à un certain nombre de chefs , toutes les maximes éparses dans l'ouvrage d'Eymeric , & qu'on y trouve répétées jusqu'à trois & quatre fois.

Nous avons joint à l'extrait du texte d'Eymeric , l'extrait du commentaire de Pegna ; cette addition nous a paru nécessaire , parce que ce commentaire sert à développer mieux les maximes d'Eymeric , & fait avec le directoire , un corps de Doctrine plus entier & mieux suivi , & parce que l'ouvrage de Pegna prouve une chose importante que nous avons avancée , c'est-à-dire que la Doctrine du Directoire à été mise en pratique , & s'est perpétuée dans les Tribunaux de l'Inquisition. Nous avons toujours distingué par les citations ,

les

les endroits tirés du Directoire, de ceux que nous avons extraits du Commentaire de Pegna. Si nous n'avons pas mis fous les yeux de nos lecteurs les expreſſions latines de l'original, c'eſt que nous avons craint d'augmenter inutilement la groſſeur du volume, & même de détourner l'attention.

Nous devons avertir que nous n'avons pas prétendu donner une idée complete de la Juriſprudence de l'Inquiſition, & de la forme de la procédure ; ainſi nous avons né-gligé quelquefois certains détails, dont l'omiſſion formera peut être quelques vuides ; mais outre qu'Eymeric lui-même ne nous a pas toujours fourni ces détails, nous avons cru devoir omettre ceux qui ſe trouvent dans des ou-vrages qui ſont entre les mains de tout le monde, ou qui n'étant pas d'ailleurs fort intéreſſans, ſont en-tierement communs aux Tribunaux civils & à ceux de l'Inquiſition.

Nous ne diſons rien de la fidélité & de l'exactitude de notre traduction; elle eſt preſque toujours litttérale ; cependant elle nous a coûté quelque travail. Nous avions à rendre un latin barbare ; à rétablir l'ordre & la netteté dans certains endroits ; à donner de la force à nos expreſſions en conſervant la naïveté de l'original ; à rapprocher quelquefois des traits éloignés pour les faire ſortir l'un par l'autre , & , ce qui nous a coûté beaucoup , nous devions auſſi nous abſtenir de communiquer une foule de réflexions que l'original tendoit à nous arracher à tous momens. Voilà les difficultés que nous avions à vaincre. Nous avons quelque droit à l'indulgence de nos Lecteurs,

LE MANUEL

DES

INQUISITEURS.

CHAPITRE PREMIER.

DE LA PROCEDURE DU S. OFFICE
en général.

EN matiere d'hérésie on procédera tout uniment sans les criailleries des Avocats & sans tant de solemnités dans les jugemens. *Simpliciter & de plano sine Advocatorum & judiciorum strepitu & figura.* C'est-à-dire, qu'on rendra la procédure la plus courte qu'il est possible en en retranchant les délais inutiles, en travaillant à instruire la cause même dans les jours où les autres Juges suspendent leurs travaux, en rejettant tout appel qui ne sert qu'à éloigner le jugement, en n'admettant pas une multitude inutile de témoins,

&c. bien entendu qu'on n'obmettra point les précautions nécessaires pour s'assurer de la vérité, & qu'on ne refusera pas à l'Accusé les défenses légitimes. *Direct. 3. part.* pag. 369 & 370.

C'est-là un grand & beau privilége du Tribunal de l'Inquisition, que les Juges n'y soient pas tenus de suivre l'ordre judiciaire, & que l'obmission de quelque formalité de droit ne vitie pas la procédure, pourvû toutefois qu'on n'en ôte point les choses essentielles au traitement de la cause.

Sur quoi j'avertis d'après l'excellente observation de *Tabiensis* & de *Locatus*, qu'un procès en matiere d'héréfie, doit être aussi exactement fait quant à ses parties essentielles, que si l'on procédoit selon toutes les formes de droit. *Pegna, adnot. lib. 3. Schol. 112.*

Il y a trois manieres de commencer le procès en matiere d'héréfie, l'*accusation*, la *dénonciation* & l'*Inquisition*.

Le procès est intenté par accusation, lorsqu'un Délateur s'offre à prouver ce qu'il avance, en se soumettant à la peine du talion s'il ne le prouve pas.

L'Inquisiteur doit suivre très-rarement cette maniere de procéder ; 1°. parce que ce n'est pas l'usage ordinaire ;

2°. parce que l'*Accufateur* court de grands rifques ; 3°. parce que cette méthode eft longue & litigieufe. Il doit au contraire avertir l'accufateur des rifques qu'il court, & le détourner autant qu'il eft en lui.

Si les dépofitions ne forment que des fémi-preuves contre l'Accufé, alors l'Inquifiteur doit confeiller au Délateur de changer dans fa plainte le mot d'*accufation* en celui de *dénonciation* à caufe du danger qu'il pourroit courir & fuivre lui-même l'inftance *ex officio.* Que fi ces mêmes dépofitions ne chargent l'Accufé en aucune façon, alors l'Inquifiteur confeillera encore au Dénonciateur de fe défifter tout-à-fait, & fe défiftera lui-même.

Si le Délateur perfifte ou reçoit l'accufation par écrit, l'Accufateur devient partie, & l'Inquifiteur n'agit plus d'office ; mais *ad inftantiam partis.* Direct. 3. part. pag. 283 & 285.

La peine du talion n'a pas lieu aujourd'hui dans l'accufation en matiere d'héréfie, & on ne doit point obliger les Accufateurs de s'y foumettre, au cas qu'ils ne puiffent pas prouver ce qu'ils avancent ; il faut cependant punir le Délateur convaincu de faux, d'une peine très-grave,

Au reste, on ne laisse plus faire aux particuliers le rôle d'Accusateurs en titre, c'est un Procureur du Saint Office, appellé Procureur Fiscal, qui intente l'accusation comme chargé d'un ministere public, & qui par conséquent n'est soumis à aucune peine, lorsqu'il ne peut pas prouver son accusation. *Pegna adnot. lib. 3. Schol.*

XIV.

La deuxiéme méthode de former le procès par la *dénonciation*, est la plus usitée : on dénonce quelqu'un comme coupable d'hérésie sans se rendre partie, & seulement pour ne pas encourir l'excommunication portée contre ceux qui ne dénoncent pas, ou par zéle pour la foi.

On reçoit les dénonciations ou dans un écrit que présente le dénonciateur, ou bien en écrivant ce qu'il dit de vive voix, on le fait jurer sur l'Evangile de dire vérité, & on l'interroge sur les circonstances du tems & du lieu, sur les motifs qui l'engagent à dénoncer, &c. Dans le cours de cette procédure, l'Inquisiteur agit *ex Officio*, & l'Accusé n'a point de partie adverse. *Direct. part.* 3. p. 283 & 284.

L'Inquisiteur peut recevoir les dénonciations assisté du seul Greffier, & il n'est pas nécessaire qu'il y intervienne des témoins. *Adnot. lib.* 3. *Schol.* xv.

L'obligation de dénoncer un hérétique a toujours lieu, nonobstant toute espece de serment, d'engagement, de promesse de garder le secret faite au contraire, & il ne faut employer la correction fraternelle avant la dénonciation, que très-rarement, & aprés les plus mûres réflexions, & il est toujours plus sûr de l'obmettre. *Adnot. lib.* 2. *Schol.* 15.

Si une accusation intentée étoit dépourvue de toute apparence de vérité, il ne faut pas pour cela que l'Inquisiteur l'efface de son livre, parce que ce qu'on ne découvre pas dans un tems, se découvre dans un autre. *Direct. part.* 3. p. 283.

La troisiéme maniere de commencer un procès en matiere d'hérésie, est la voie d'*Inquisition*, on l'emploie lorsqu'il n'y a ni Dénonciateur ni, Accusateur.

Il y a deux especes d'inquisitions;

une générale , c'eſt une recherche des hérétiques que font faire les Inquiſi- teurs de tems en tems dans un Dio- cèſe ou dans un pays, elle eſt preſcrite par le Concile de Touloufe en ces termes :

» Dans toutes les Paroiſſes , on choi-
» ſira un ou deux Prêtres & deux ou
» trois Laïques , gens de bien , à qui
» on fera prêter ſerment, & qui feront
» des recherches fréquentes & ſcrupu-
» leuſes dans toutes les maiſons , dans
» les chambres, greniers , ſouterrains,
&c. pour s'aſſurer s'il n'y a pas des hérétiques cachés.

Lorſque par ces précautions ou par d'autres on a découvert un hérétique, alors ſans qu'il y ait ni Accuſateur ni Dénonciateur , l'Inquiſiteur peut exer- cer ſon miniſtere & agir *ex Officio.* Direct. part. 3. pag. 284 & adnot. lib. 3. Schol. XVI.

La deuxiéme eſpece d'Inquiſition a lieu, lorſque le bruit public porte aux oreilles de l'Inquiſiteur , que telle ou telle perſonne a dit ou fait quelque choſe contre la foi , alors l'Inquiſiteur cite à ſon Tribunal des témoins , & les interroge ſur la mauvaiſe réputation de l'Accuſé ; il leur demande ſi on dit que l'Accusé est hérétique & depuis quand, & d'après leur réponse, lorsqu'elle constate la mauvaise réputation. Il cite l'Accusé lui-même pour venir rendre compte de sa foi, & se faire purger du soupçon qu'on a sur lui. *Direct. ibidem.*

On peut faire de semblables recherches, même contre une personne qui n'est pas diffamée d'hérésie ; mais il faut qu'un Inquisiteur se conduise alors avec beaucoup de circonspection & de secret, afin de ne pas donner trop légérement atteinte à l'honneur d'un Citoyen. *Adnot. lib. 3. Schol.* XVI.

La procédure par voie d'inquisition, est appuyée comme on le voit, sur le bruit public ; mais le bruit public lui-même doit être constaté par deux témoins. Pour obtenir par-là une preuve complete, il faut que les deux témoins soient graves & connus comme d'honnêtes gens ; il suffit pour constater la mauvaise réputation de l'Accusé, qu'ils disent qu'ils ont entendu dire à un tel ou à un tel que l'Accusé est hérétique, & leur déposition fait foi, quand les deux témoins n'auroient pas entendu tenir ce propos aux mêmes personnes. *Adnot. lib. 3. Schol.* XX.

Lorſque des témoins dépoſent qu'un Accuſé a la réputation d'être hérétique, & qu'on leur demande ce que c'eſt que la réputation, la renommée (*quid eſt fama*) il n'eſt pas néceſſaire qu'ils en donnent une définition exacte, il ſuffit qu'ils diſent que c'eſt ce qu'on dit communément. *Adnot. lib. 3. Schol. 17.*

Quoique régulierement parlant & en matiere civile, perſonne ne ſoit obligé de fournir contre lui - même, les piéces qui peuvent ſervir de preuves de ſon délit, cette obligation a lieu en matiere d'héréſie ; ainſi un Accuſé doit donner communication au Saint-Office de toutes les piéces qui peuvent ſervir au Promoteur Fiſcal pour fonder ſon accuſation. C'eſt l'avis de la plûpart des Docteurs. A plus forte raiſon chacun eſt-il obligé de fournir les piéces qui peuvent ſervir à convaincre une autre perſonne du crime d'héréſie. *Adnot. lib. 3. Schol. 101.*

CHAPITRE II.

DES TÉMOINS.

EN faveur de la foi on reçoit en témoignage dans les caufes d'héréſie.

1°. Les Excommuniés,

2°. Les complices de l'Accufé.

3°. Les infames & les perfonnes coupables de quelque crime que ce foit. *Direct. paſſim.*

4°. Les hérétiques contre & jamais en faveur de l'Accufé. Cette loi paroît d'abord contraire à l'équité naturelle, en ce qu'elle ôte aux Accufés des moyens de prouver leur innocence, mais elle eſt au fond très-raifonnable, puifqu'on ne peut pas croire à la parole de celui qui a violé la foi qu'il devoit au Seigneur, & qu'on ne fçauroit compter fur la fidélité du témoignage de celui qui eſt infidele à Dieu.

Mais dira-t-on, pourquoi croire au témoignage de ce même hérétique, lorfqu'il dépofe contre un Accufé, fi l'on ne veut pas le croire, lorfque fa dépofition eſt favorable, l'Accufé fur-

B vj

tout devant, felon une maxime reçue
dans tous les Tribunaux, être fuppofé
plutôt innocent que coupable.

La difficulté eft preffante, mais voici
je crois la réponfe qu'on y peut faire.
Lorfqu'un hérétique dépofe en faveur
d'un Accufé, on préfume que c'eft en
haine de l'Eglife, & pour empêcher
que les crimes commis contre la foi,
ne foient punis comme ils méritent de
l'être. Or cette préfomption n'a plus
lieu, lorfque ce même hérétique dépofe contre l'Accufé. Perfonne que je
fçache n'a encore donné cette raifon
que je crois neuve & décifive. *Direct.
paffim & adnot. lib. 3. Schol. 124.*

5°. On reçoit en témoignage les infideles quelconques & les Juifs, & cela
non-feulement quand il eft queftion de
rechercher fi l'Accufé eft tombé dans
l'infidélité ou a judaïfé, mais même
pour conftater des péchés commis contre des articles particuliers de la foi
chrétienne. *Direct. adnotat. lib. 2. Sch.
x.*

6°. Les parjures contre le même accufé dans la même caufe, ainfi fi un
témoin vient de fe parjurer, il peut cor-
riger fa premiere dépofition, & alors
les Juges s'en tiendront à la feconde.

Cette loi eft particuliere à la procédure contre les hérétiques ; car dans les Tribunaux féculiers, on s'en tient au premier témoignage. Cependant il faut remarquer que la feconde dépofition ne doit l'emporter que lorfqu'elle charge l'Accufé, car fi elle étoit à fa décharge, alors on s'en tient à la premiere ; ainfi fi quelqu'un dépofe d'abord qu'un tel a dit que le Purgatoire a été inventé par les Prêtres, & rétracte enfuite fon accufation, le premier témoignage fubfiftera malgré la rétractation poftérieure. Il eft vrai cependant que la feconde dépofition affoiblira un peu la premiere, & qu'on doit punir celui qui s'eft ainfi rétracté comme faux témoin. Enfin il faut bien prendre garde qu'en ajoutant trop de foi à ces rétractations, le crime d'héréfie ne demeure impuni. *Direct. & adnot. lib. 3. Sch. 122.*

7°. Les témoins domeftiques, c'eft-à-dire, la femme, les enfans, les parens & les domeftiques d'un Accufé, font reçus en témoignage contre lui, quoiqu'on ne les admette point à témoigner en fa faveur, ce que l'on a réglé ainfi, parce que de pareils témoignages ont beaucoup de force. *Direct. part. 3. quæft. 70.*

C'est l'opinion de tous les Canonistes, qu'en matiere d'hérésie, le frere peut témoigner contre le frere, & le fils contre le pere. Le R. Q. Simancas a voulu excepter les peres & les enfans de cette loi, mais on ne doit pas s'en tenir à son sentiment, qui est d'ailleurs combattu par de fortes raisons; la premiere, c'est qu'il faut plutôt obéir à Dieu qu'à ses parens; la seconde, c'est que s'il est permis de tuer son pere lorsqu'il est ennemi de la patrie, à plus forte raison peut-on le dénoncer lorsqu'il est coupable d'hérésie. Au reste, le fils délateur de son pere est souftrait aux peines portées par le droit contre les enfans des hérétiques, & cela pour récompense de sa délation. *In præmium delationis adnot. lib. 2. Sch. 12.*

Nous avons dit que les Témoins domestiques, c'est-à-dire, les parens, les amis & les domestiques de l'Accusé sont reçus à témoigner contre lui, mais non pas en sa faveur; la raison de cette différence est que d'une part on suppose qu'il n'y a que la force de la vérité qui puisse arracher à des témoins de cette espece une déposition contraire à l'Accusé, & que de l'autre on peut croire que les

liaifons qui uniffent les parens , le maître & les domeftiques , &c. les portent
naturellement à mentir pour fauver le
coupable , fi ce font fes enfans , par
exemple , pour éviter l'infamie qui re-
jaillit fur eux de la condamnation de
leur pere. Les dépofitions des témoins
font auffi très-néceffaires , parce que le
crime d'héréfie fe commet ordinairement dans le fecret des maifons. *Adnot.*
lib. 3 , fchol. 125.

Lorfqu'un témoin fe préfente pour
dépofer contre un Accufé , ou lorfqu'il
eft cité pour cela , l'Inquifiteur l'examine & reçoit fes dépofitions, affifté
d'un Greffier ou Notaire. Il le fait d'a-
bord jurer de dire vérité , enfuite on
lui demande s'il connoît l'Accufé , &
depuis quand, fi l'Accufé eft regardé
comme bon ou mauvais Catholique
dans l'endroit où il fait fa réfidence ; s'il
eft diffamé , comme ayant dit ou fait
quelque chofe contre la foi ; fi le Dépo-
fant a entendu ou vû l'Accufé dire ou
faire quelque chofe contre la foi , en
préfence de qui , & combien de fois ;
fi ce qu'a dit ou fait l'Accufé , a été dit
ou fait férieufement ou par plaifanterie,
&c. Après quoi on enjoint le fecret au
témoin. On appelle à cet examen des

témoins une ou deux perfonnes pruden-
tes, au moins vers la fin de l'examen,
ou même pendant tout l'examen, fi faire
fe peut, mais fouvent cela eft difficile à
l'Inquifiteur. *Direct. part. 3, p. 228.*

Deux témoins fuffifent, à la rigueur,
pour condamner définitivement en matiere d'héréfie; cependant il nous paroît
plus équitable de ne regarder cette
preuve comme fuffifante, que lorfqu'elle
eft jointe à la mauvaife réputation de
l'Accufé; cette indulgence eft d'autant
plus néceffaire, que dans la procédure
en matiere d'héréfie, on s'écarte des
pratiques reçues dans les autres Tribunaux, l'Accufé n'étant point confronté
avec les témoins, & ne les connoiffant
même pas, toutes chofes qu'on a reglé
en faveur de la foi. Or, comme l'Accufé ne peut pas deviner, & qu'il lui eft
plus difficile de fe défendre, l'Inquifiteur eft obligé d'examiner les témoins
avec plus de foin. *Direct. part. 3, quæft.*
71.

Ce que dit ici Eymeric, qu'il eft plus
équitable de ne pas condamner fur la
dépofition de deux feuls témoins, eft
affurément un fentiment bien doux; car
les Loix & l'opinion commune de prefque tous les Doctes laiffent aux Inqui-

siteurs une entiere liberté de condamner un Accusé seulement sur le témoignage de deux témoins idoines ; on ne voit pas en effet qu'il faille en matiere d'héréfie, donner atteinte à la maxime de l'Ecriture, *in ore duorum vel trium ftabit omne verbum.* On ne peut pas dire que dans la procédure du Saint-Office, l'Accusé n'ait pas toute la faculté de fe défendre, qu'il peut demander, vu qu'on examine la caufe avec tant de foin avant la condamnation. *Adnot. lib. 3 , fchol. 126.*

On ne doit point publier les noms des témoins , ni les faire cõnoître à l'Accufé, lorfqu'il y a danger pour les Accufateurs, & il eft très-rare que ce danger n'ait pas lieu. En effet, lorfque l'Accufé n'eft pas à craindre par fes richeffes, ou fa nobleffe, ou fa famille, il l'eft fouvent par fa propre méchanceté, ou par celle de fes complices, qui étant quelquefois des gens déterminés, & n'ayant rien à perdre, font plus dangereux pour les témoins ; c'eft ce que l'expérience m'a appris. *Direct. part. 3 , quæft. 75.* On a quelquefois moins à craindre, lorfque l'Accufé ou fes amis font des perfonnes nobles ou riches ; un bon Marchand, par exemple, y regarde à deux fois avant de fe vanger.

Lorfque tout danger ceffe effective-ment pour les Accufateurs, on peut faire connoître à l'Accufé les témoins qui ont dépofé contre lui. *Direct. part. 3, p. 296.*

C'eft principalement en communi-quant le Procès-verbal à l'Accufé, qu'on peut craindre qu'il ne découvre quels font les témoins qui ont dépofé contre lui : voici les moyens dont on peut fe fervir pour lui dérober cette connoiffance : 1°. on intervertira l'or-dre felon lequel les noms font placés dans l'original, en attribuant à l'un la dépofition de l'autre. 2°. On communi-quera le Procès-verbal fans noms d'Ac-cufateurs, & les noms des Accufateurs auffi à part, auxquels on ajoûtera ça & là d'autres noms étrangers de gens qui n'ont jamais dépofé contre l'Accufé.

Ces deux moyens font dangereux *pour les Accufateurs*, & par cette raifon il ne faut s'en fervir que rarement.

3°. On pourra lire le Procès-verbal à l'Accufé, en fupprimant abfolument les noms des dénonciateurs, & alors c'eft à l'Accufé à conjecturer qui font ceux qui ont formé contre lui telles & telles accufations, à les récufer, ou à infirmer leurs témoignages ; c'eft la méthode que l'on observe communément. *Direct. part.* 3, *p.* 296 & 297.

Ces précautions, & de semblables, sont nécessaires, parce que le capital doit toujours être de mettre les témoins à couvert, & il faut prendre pour cela tous les moyens imaginables, parce qu'autrement personne ne voudroit plus faire de dénonciations, d'où il résulteroit de grands inconvéniens pour la République chrétienne. La pratique des Inquisitions d'Espagne à ce sujet peut servir de modèle ; en communiquant l'accusation, on y supprime toutes les circonstances du tems, du lieu, des personnes, & tout ce qui pourroit mettre l'Accusé sur la voie de découvrir quels sont ses Accusateurs. *Adnot. lib.* 3 ; *Schol.* 36.

Quelques Auteurs ont pensé qu'on pouvoit quelquefois confronter les témoins à l'Accusé, lorsqu'il n'y avoit pour ceux-là aucun risque à courir ; mais l'opinion contraire est plus sûre, & doit être suivie dans la pratique, hors de certains cas tout-à-fait rares ; c'est l'esprit de l'excellente instruction à l'usage des Inquisitions de Madrid, dont voici les paroles : *Quoique dans les autres Tribunaux les Juges ayent coutume, pour dé-*

couvrir la vérité, de confronter les témoins à l'Accusé, cette méthode ne doit point être employée & n'est point d'usage dans les Tribunaux de l'Inquisition : outre que ces confrontations sont opposées au secret inviolable sous lequel il faut cacher les noms des témoins, on n'a jamais vu qu'elles ayent produit de bons effets, & elles ont même toujours entraîné de grands inconvéniens. *Adnot. lib.* 3, *Schol.* XVIII.

En général on suppose toujours aujourd'hui qu'il y a danger pour les Accusateurs, & on cache absolument les noms des témoins. *Adnot. lib.* 3, *Sch.* 129.

Les témoins convaincus de faux sont condamnés (seulement) à la prison perpétuelle, (même lorsqu'ils ont soutenu leurs dépositions pendant tout le cours de la procédure, & qu'ils n'ont avoué leur crime qu'au moment où l'Accusé alloit être livré à la Justice séculiere.) *Direct. part.* 3, *p.* 338 & 339.

Plusieurs Auteurs veulent qu'on décerne contre les faux témoins la peine du Talion, & prétendent que quoique le Talion n'ait plus lieu pour les Accusateurs, il subsiste encore pour les témoins ; c'est l'opinion de Roïas, &

Simanas prétend même qu'il existe une Constitution du Pape Leon X. qui autorise les Inquisiteurs à abandonner les faux témoins à la Justice séculiere.

Pour moi, comme je ne vois aucune disposition du Droit ancien qui décerne la peine du Talion en pareil cas, je crois qu'on ne doit pas décider aussi légerement qu'il faut l'employer ; les anciens Conciles de Narbonne, de Toulouse, &c. qui sont entrés dans les plus grands détails sur cette matiere, ne font aucune mention de la peine du Talion ; le Concile de Bourges condamne les faux témoins à porter l'habit de pénitence avec des croix ; aucun des anciens Canonistes, au moins de ceux que j'ai lû, ne les condamne à la peine du Talion ; le Décret de Leon X. dont parle Simanas, n'est ni reçu ni observé ; la sainte Inquisition de Rome ne livre point les faux témoins à la Justice séculiere.

A la vérité, lorsque le faux témoin ayant accusé une personne du crime formel d'héréfie, l'Accusé, quoiqu'innocent, a été condamné & brûlé comme hérétique négatif & impénitent, si les Juges croyent qu'en un pareil cas les témoins doivent être punis de la peine du

Talion, ils n'ont qu'à consulter sur cela le Grand Inquisiteur. *Adnot. lib. 3, Sch. 128.*

Ajoutons que l'Inquisiteur peut décerner la question contre un témoin convaincu du crime de faux à son Tribunal. Quelques Canonistes lui refusent ce droit, mais il paroît être une suite des autres pouvoirs de l'Inquisiteur; la question & même la punition des faux témoins devient partie du Procès; d'ailleurs, le témoin lui-même est alors mis en cause par l'Inquisiteur. J'ai vû le cas arriver à Toulouse en 1312. Un pere ayant accusé son fils pardevant les Inquisiteurs, fut mis à la question & révoqua sa déposition. *Direct. part. 3. quæst. 73.*

CHAPITRE III.

De l'Interrogatoire de l'Accufé.

L'INQUISITEUR fera d'abord jurer l'Accufé fur l'Evangile de dire vérité fur tout ce dont on l'interrogera, & même fur fon propre compte. On lui demandera enfuite quel eft fon nom, le lieu de fa naiffance, dans quel endroit il a demeuré, &c. S'il a entendu parler de telle & telle matiere, (celle fur laquelle on l'a accufé d'héréfie) de la pauvreté de Jefus-Chrift, par exemple, ou de la vifion beatifique. S'il en a parlé lui-même, & ce qu'il en a dit, ce qu'il en croit, &c. Toutes ces réponfes feront écrites, & on les lui fera figner. Un Inquifiteur habile s'en fervira enfuite pour fe faire des modèles de queftion pour les interrogatoires fuivans. *Direct. part.* 3. pag. 286.

On doit demander auffi à l'Accufé s'il fçait pourquoi il a été pris, quelles font les perfonnes qu'il foupçonne de l'avoir fait prendre, quel eft fon Confeffeur, depuis quand il s'eft confeffé, &c. L'Inquifiteur doit bien prendre garde de fournir, par la manière dont lesdits interrogatoires seroient faits, de fournir, dis-je, à l'Accusé des échappatoires; & pour éviter cet inconvénient, ses questions doivent être presque toujours vagues & générales. *Adnot. lib.* 3, *Schol.* 19. Dans l'interrogatoire de l'Accusé un Inquisiteur ne sçauroit employer trop de prudence, de circonspection & de fermeté. Les Hérétiques sont d'une adresse extrême à cacher leurs erreurs; ils sçavent jouer la sainteté, & verser des larmes feintes, capables de toucher les Juges les plus impitoyables. Mais un Inquisiteur doit se défendre contre tous ces artifices, & supposer qu'on veut toujours le tromper. *Adnot. lib.* 3, *Sch.* 21.

Les Hérétiques ont dix manières de tromper les Inquisiteurs qui leur font subir l'interrogatoire.

Leur premier artifice est l'équivoque, comme quand on leur parle du vrai Corps de Jesus-C. ils répondent, de son Corps mystique; ou si on leur demande si *cela est le Corps de Jesus-Christ*, ils répondent *oui*, en entendant par *cela* leur propre corps, ou une pierre voisine en ce sens, que tous les corps qui sont dans le monde sont à Dieu, & par conséquent à Jéfus - Chrift qui eft Dieu. Ou fi on leur demande : *Croyez-vous que Jefus-Chrift eft né d'une Vierge ?* Ils répondent : *fermement ;* entendant par-là la fermeté avec laquelle ils perfiftent dans leur héréfie.

Le fecond artifice qu'ils mettent en ufage , eft l'addition d'une condition qu'ils fous-entendent, la reftriction men-tale , comme quand on leur demande : *Croyez - vous la réfurrection de la chair ? Oui , s'il plaît à Dieu ,* répondent - ils, entendant qu'il ne plaît pas à Dieu qu'ils croient ce myftère.

Leur troifième méthode eft de rétor-quer l'interrogation ; ainfi , fi on leur demande: *Croyez-vous que l'ufure foit un péché ?* Ils répondent, *& qu'en croyez-vous vous - même ?* On leur dit : *Nous croyons avec tous les Catholiques , que l'ufure eft un péché.* Alors ils ajoutent : *Nous le croyons auffi.* Sous-entendez *que vous le croyez.*

Leur quatrième méthode eft de ré-pondre par admiration. Ainfi, fi on leur demande : *Croyez-vous que Jefus-Chrift fe foit incarné dans le fein d'une Verge ?* Ils répondent, *Oh , mon Dieu ! pourquoi me faites-vous de femblables queftions ? Me prenez - vous pour un Juif ? Je fuis Chré-*

tien, je crois tout ce qu'un bon Chrétien doit croire ; entendant qu'un bon Chrétien ne doit pas croire cela.

En cinquième lieu, ils emploient fréquemment la tergiversation, en répondant sur ce dont on ne les interroge point, & en ne repondant pas sur ce dont on les interroge.

Leur sixième subterfuge est de détourner le discours ; ainsi, si on leur demande : *Croyez-vous que Jesus-Christ étoit encore vivant lorsqu'il fut percé d'une lance sur la Croix ?* Ils répondent ; *J'entends dire, qu'on fait de cela aujourd'hui une grande question, comme encore de la vision béatifique : hélas, Messieurs, vous mettez tout le monde en l'air pour ces contestations ; pour Dieu, dites-nous ce qu'il en faut croire, car je ne voudrois pas errer dans la Foi.*

En septième lieu, ils se rejettent quelquefois à faire leur apologie ; ainsi si on les interroge sur quelque point de Foi, ils répondent : *Oh mon Pere, je suis un homme simple & peu instruit ; je sers Dieu dans la simplicité, j'ignore les subtilités sur lesquelles vous m'interrogez ; vous me feriez tomber facilement dans quelque piége, & je pourrois être induit en quelque erreur ; au nom de Dieu ne me faites pas de pareilles questions.*

8°. Les Hérétiques emploient ſouvent un autre artifice ; ils feignent de ſe trouver mal, lorſqu'ils ſe voient un peu preſſés par les interrogatoires ; ſi on les en croit, ils ont la tête accablée, & ne peuvent plus ſe ſoutenir ſur leurs jambes, ils demandent qu'on les renvoie; ils vont ſe mettre au lit, & ſongent en attendant à ce qu'ils répondront. Ils emploient ſur-tout cette ruſe, lorſqu'ils voient qu'on va les mettre à la queſtion, ils diſent qu'ils ſont bien foibles, & qu'ils mourront dans les tourmens, & les femmes feignent d'être ſujettes aux accidens particuliers à leur ſexe, pour retarder ainſi la queſtion, *& tromper les Inquiſiteurs.*

9°. Une autre ruſe qu'ils emploient eſt de contrefaire les inſenſés.

10°. Enfin, on peut compter parmi les artifices des Hérétiques l'affectation de modeſtie qu'ils ont dans leurs habillemens, ſur leur viſage, & dans toute leur manière de vivre. *Direct. part. 3,* pag. 289, 290, 291.

A ces ruſes, il faut que l'Inquiſiteur en oppoſe d'autres, afin de payer les Hérétiques de la même monnoye (*ut clavum clavo retundat*) & afin de pouvoir leur dire enſuite avec l'Apôtre :

Comme j'étois fin , je vous ai pris par finesse : *cum essem astutus dolo vos cæpi ad Corinth. 2 cap. 12.* Or voici les principales ruses que l'Inquisiteur pourra employer contre les ruses des Hérétiques.

1°. Il doit les forcer par des interrogations répétées, à répondre nettement & précisément aux questions qu'on leur fait. *Direct. part.* 3 , part. 291.

2°. Si l'on présume qu'un Accusé, qu'on vient de saisir , soit dans la résolution de cacher son crime (ce qu'il est aisé de découvrir avant l'interrogatoire, soit par les Geoliers, soit par des émissaires qui sonderont l'Accusé,) alors il faudra que l'Inquisiteur parle à l'Hérétique avec beaucoup de douceur, lui donne à entendre qu'il sçait déja tout , & lui tienne ce discours, ou un semblable : *Voyez , mon enfant , j'ai pitié de vous ; on a séduit votre simplicité , vous vous perdez brutalement ; quoique vous soyez criminel, celui qui vous a instruit , l'est encore plus que vous : ne vous rendez pas coupable du péché d'autrui , & ne vous donnez pas pour maître , après avoir été disciple ; confessez-moi la vérité ; car , comme vous le verrez, je sçais tout ; mais pour conserver votre réputation , & afin que je puisse vous rendre libre bientôt, & vous faire grace, & que vous puissiez retourner en paix dans votre maison, dites-moi quel est celui qui vous a corrompu ? Vous qui viviez dans l'innocence !* L'Inquisiteur doit lui tenir de semblables discours, & lui donner de belles paroles, *bona verba*, toujours sans se troubler, en supposant que le fait est vrai, & en n'interrogeant l'Accusé que sur les circonstances. *Direct. part. 3*, pag. 292.

Le R. P. Ivonet fournit un autre modèle de discours qu'on peut tenir à l'Hérétique qui est dans la disposition de cacher son crime : *Ne craignez pas*, dit l'Inquisiteur, *d'avouer tout. Vous aurez regardé les Hérétiques qui vous ont séduit, comme de bonnes gens, vous pensiez bien sur leur compte, vous vous êtes conduit avec simplicité : il pourroit arriver à des gens plus sages que vous d'être trompés de la sorte.* Adnot lib. 3. Schol. XXVII.

3°. Si un Hérétique, contre lequel les témoignages n'ont pas fourni une entiere conviction, quoiqu'il y ait de forts indices, continue de nier, l'Inquisiteur le fera comparoître, lui fera des interrogations au hasard ; & lorsque l'Accusé aura nié quelque fait, (*quando negat hoc vel illud*) il prendra entre ſes mains le Procès - verbal dans lequel les interrogatoires précédents ſont compris, les feuilletera, & dira : *Il eſt clair que vous me cachez la vérité, ceſſez d'uſer de diſſimulation.* Enforte que l'Accuſé croie qu'il eſt convaincu, & que le Procès-verbal fournit des preuves contre lui (*Sic ut ille credat ſe convictum eſſe, & ſic apparere in proceſſu.*)

L'Inquiſiteur peut encore tenir entre les mains un écrit, & quand l'Accuſé niera quelque fait, il fera l'étonné, & dira : *Comment pouvez-vous nier une choſe pareille ? Cela n'eſt - il pas clair ?* Enſuite il lira dans ſon papier, il y fera les changemens néceſſaires, & il ajoutera : *Eh bien je diſois vrai, avouez-le donc ?* (*Teneat in manum meam cedulam..... & quaſi admirans dicat ei quomodo he potes negare, nonne clarum eſt mihi, & tunc legat in cedulâ ſuâ & pervertat eam & legat, & poſt dicat, &c.*)

Il faut, au reſte, qu'en cela l'Inquiſiteur prenne garde de deſcendre dans des détails que l'Accuſé pourroit voir qu'il ignore ; il doit s'en tenir aux termes généraux. *Direct. part.* 3. pag. 292.

4°. Si l'Accuſé s'obſtine à nier ſon crime, l'Inquiſiteur lui dira, qu'il va inceſſamment partir pour aller plus loin,

& qu'il ne sçait pas quand il reviendra, qu'il est bien fâché de se voir obligé de le laisser pourrir dans les prisons, qu'il auroit souhaité de tirer la vérité de sa bouche, pour pouvoir l'expédier & terminer son procès ; mais que puisqu'il s'obstine à ne vouloir rien avouer, il va le laisser aux fers jusqu'à son retour ; qu'il est touché de compassion pour lui, vu qu'il est délicat, qu'il tombera infailliblement malade. &c. (*Ego compatiebar tibi, & volebam quod mihi diceres veritatem ut expedirem te, quia delicatus es, & posses leviter incurrere in ægritudinem.... nunc autem, cum displicentiâ ego habeo te in carcere dimittere compeditum usque ad regressum meum & displicet mihi quia nescio quando regrediar,* &c. Ibid. *p.* 292.

5°. Si l'Accusé continue de nier, l'Inquisiteur multipliera les interrogatoires & les interrogations ; alors ou l'Accusé avouera, ou il variera dans sa réponse ; s'il varie, c'en est assez pour lui faire donner la question, avec les autres indices & l'avis des gens habiles, on l'y fera appliquer pour tirer la vérité de sa bouche ; cependant on ne multipliera les interrogations que lorsque l'Acusé montrera une grande opiniâtreté ; car à

des interrogatoires fréquens fur la même matiere & en différens tems , il eft
extrêmément facile de varier dans fes
réponfes , & il n'y a perfonne qui ne pût
y être furpris. *Ibidem.* p. 292.

6°. L'Accufé perfiftant toujours dans
la négative , l'Inquifiteur pourra lui parler doucement, le traiter avec un peu
plus d'attention pour le boire & le manger ; faire enforte que des gens de bien
aillent le voir, s'entretiennent avec lui ,
lui infpirent quelque confiance en eux,
lui confeillent d'avouer , en lui promettant que l'Inquifiteur lui fera grace , &
en fe rendant médiateurs entre lui &
l'Accufé : l'Inquifiteur pourra , fur la
fin , promettre lui-même à l'Accufé de
lui faire grace , & la lui faire en effet,
(car tout eft grace dans ce qui fe fait
pour la converfion des Hérétiques ; les
pénitences font des faveurs & des remédes) & lorfque l'Accufé avouant
fon crime, demandera fa grace , on lui
répondra en termes généraux qu'on fera
encore plus pour lui qu'il ne pourroit
demander , enforte qu'on découvre la
vérité & que l'Hérétique foit converti,
&c. *Ibid.* pag. 292 , & 293. & qu'on
fauve au moins fon ame. *Adnot. lib.* 3,
Sch. 29.

Sur cette promesse que l'Inquisiteur fait au coupable d'user de miséricorde envers lui, & de lui faire grace s'il veut avouer son crime, on peut demander, 1°. Si l'Inquisiteur peut employer licitement cette ruse pour découvrir la vérité ? 2°. Lorsqu'il a fait une semblable promesse, s'il est obligé de la tenir ?

Le Docteur Jerôme Cuchalon décide la premiere question, en approuvant cette dissimulation de la part de l'Inquisiteur ; & il la justifie par l'exemple de Salomon jugeant les deux femmes. Quoiqu'une pareille feinte soit désaprouvée par Julius Clarus & d'autres Jurisconsultes en matiere civile, je pense qu'on peut l'employer dans les Tribunaux de l'Inquisition. La raison de cette différence est que l'Inquisiteur a un pouvoir bien plus ample que les autres Juges, puisqu'il peut relâcher à sa volonté des peines pénitentielles & canoniques. Ainsi, pourvu qu'il ne promette pas au coupable, l'impunité absolue, il peut toujours lui promettre qu'il lui fera grace, & remplir sa promesse en diminuant quelque chose de ces mêmes peines canoniques, qui dépendent entièrement de lui.

Quant à la seconde queſtion, il y a deux ſentimens oppoſés. Pluſieurs Docteurs très-graves, penſent que, même après avoir promis l'impunité au coupable, l'Inquiſiteur n'eſt point obligé de garder ſa promeſſe, parce que cette fraude eſt bonne & utile au bien public, & que s'il eſt permis de tirer la vérité de la bouche d'un Accuſé, par les tourmens, à plus forte raiſon, peut-on ſe ſervir pour cela de diſſimulation & de menſonges, *verbis fictis.* C'eſt le ſentiment de Prœpoſitus, de Geminianus, de Felyn, d'Hugutius, d'Archidiaconus, de Soto, de Cynus, &c.

Il eſt vrai que quelques autres ſont d'avis contraire ; mais on peut accorder ces deux opinions, en diſant que quelques promeſſes que faſſent les Inquiſiteurs, elles ne doivent s'entendre que des peines de la rigueur deſquelles ils peuvent relâcher, c'eſt-à-dire des peines canoniques & pénitentiales, & non pas des peines de droit ; & même quelque petite que ſoit la rémiſſion de la peine canonique que l'Inquiſiteur accordera à l'Accuſé, il aura toujours accompli ſa promeſſe. Cependant, pour plus grande ſûreté de conſcience, les Inquiſiteurs ne doivent faire de promeſſes qu'en termes fort généraux, &

ne jamais promettre que ce qu'ils peuvent tenir. *Adnot. lib. 3. Sch. XXIX.*

7°. Une autre rufe de l'Inquifiteur fera d'avoir quelque complice de l'Accufé, ou une perfonne qui lui fera agréable, & en qui l'on puiffe fe fier, d'engager cette perfonne à parler fouvent au Prifonnier, & à en tirer fon fecret.... S'il en eft befoin, cette perfonne feindra d'être de la fecte de l'Hérétique, d'avoir abjuré par crainte, & d'avoir tout déclaré à l'Inquifiteur : & lorfque l'Hérétique aura pris quelque confiance, un foir cet efpion pouffera la converfation un peu avant dans la nuit, dira qu'il eft trop tard pour qu'il fe retire, & reftera dans la prifon ; alors on apoftera, dans un lieu commode, des Gens qui puiffent entendre leur converfation ; & s'il fe peut, un Greffier pour recueillir les aveux de l'Hérétique que l'homme en queftion engagera à raconter tout ce qu'il a fait. *Direct. part. 3. pag. 293.*

Il faut remarquer que celui qu'on envoye à l'Accufé pour tirer de lui, fous le femblant de l'amitié, la confeffion de fon crime, peut bien feindre qu'il eft de la fecte de l'Accufé, mais non pas le dire ; parce qu'en le difant,

il commettroit au moins un péché véniel , & on fçait qu'il n'en faut point
commettre pour quelque raifon que ce
puiffe être.

(*a*) En un mot, il ne faut employer
que les fineffes qui n'emportent avec
elles aucune apparence de menfonge.

Si par ces moyens ou quelqu'autre ,
l'Inquifiteur parvient à faire avouer
quelque chofe à l'Accufé , il faut qu'il
fe donne bien de garde d'interrompre
l'interrogatoire , & il ne faut pas qu'il
s'embarraffe de reculer fon dîner ou fon
fouper , ou de s'en paffer tout-à-fait ,
parce que ces confeffions coupées ne
fuffifent jamais pour découvrir la vérité ;
& parce qu'on voit fouvent des Accufés , après avoir commencé d'avouer,
nier à l'interrogatoire fuivant , & revenir à leur vomiffement.

Telles font , les rufes ou adreffes
qu'employeront les Inquifiteurs pour
tirer la vérité de la bouche des Hérétiques , *gratiofè* (*b*) & fans avoir recours
aux tourmens & à la queftion. *Ib.* p. 293.

(*a*) Il eft difficile de bien déterminer la différence qu'il y a pour l'efpion dont il s'agit , entre
feindre qu'il eft de la fecte de l'Accufé , & le
dire.

(*b*) *Gratiosè* eft embarraffant à traduire.

Enfin, on peut tirer de toutes les ob-
fervations précédentes, cette régle générale : que les Inquifiteurs doivent
mettre en ufage, la prudence la plus
foutenue pour découvrir la vérité, &
varier leur conduite felon la différence
des fectes & des perfonnes aufquelles
auront affaire, & des autres circonf-
tances ; car, comme dit très-élégam-
ment & très-fagement Ovide, dans fon
Livre des remedes d'amour :

Sed quoniam variant, animi variabimus

& nos,

Mille mali fpecies mille falutis erunt.
Adnot. lib. 3. Schol. XXIII.

On nous oppofera peut-être l'autorité d'Ariftote, qui dans le fein du
Paganifme, a condamné toute efpece
de diffimulation, & celle des Jurifcon-
fultes qui défapprouvent les artifices
dont les Juges peuvent fe fervir pour
tirer la vérité de la bouche des criminels ; mais il y a deux efpeces d'a-
dreffes, les unes dirigées à une mauvaife fin, qu'on ne doit pas fe per-
mettre ; & les autres louables &

judiciaires , pour découvrir la vérité ,
& celles-ci ne sçauroient être blâmées.
Adnot. lib. 3 , Sch. XXVI.

Les proteſtations que font les Accuſés de croire tout ce que croit l'Egliſe , ne doivent pas les excuſer d'héréſie aux yeux des Inquiſiteurs lorſqu'il eſt queſtion des dogmes que chaque Fidèle eſt tenu de croire explicitement. Dans les autres Dogmes , pour que la proteſtation ſoit de quelqu'utilité à l'Accuſé , il faut qu'après les avertiſſemens de l'Inquiſiteur il abandonne ſes erreurs , autrement il devient hérétique , & même hérétique obſtiné & impénitent. Quelques Auteurs ont prétendu que les avertiſſemens du ſeul Inquiſiteur ne ſuffiſoient pas pour cela ; mais le ſentiment du plus grand nombre & le ſeul qui puiſſe être ſuivi , eſt que toutes les fois que l'Inquiſiteur , agiſſant comme Juge , avertit l'Accuſé que telle & telle opinion eſt hérétique , même lorſqu'il s'agit d'une opinion qui n'a pas été ouvertement condamnée , l'Accuſé eſt obligé de l'abandonner , ſous peine d'être regardé comme hérétique obſtiné. *Direct. part. 1 , quæſt. 12 , Adnot. lib. 1 , Schol. 23.*

CHAPITRE IV.

Des défenses de l'Accusé.

LORSQU'UN Accusé confesse le crime pour lequel il est mis à l'Inquisition, il est inutile de lui accorder des défenses, quoique dans les autres Tribunaux l'aveu du criminel soit insuffisant, à moins qu'il n'y ait d'ailleurs un corps de délit bien constaté en matiere d'hérésie. D'après la seule confession du coupable, on peut procéder à la condamnation ; parce que l'hérésie étant un crime de l'esprit, ne peut souvent se prouver autrement que par l'aveu du criminel. *Direct. p. 3, p. 295, Adnot. lib. 3, Sch. 34.*

Quoique cette maxime soit incontestable, comme les défenses de l'Accusé semblent être de droit naturel, on doit encore laisser au criminel la liberté d'employer celles qui sont légitimes & de droit.

Les principales sont l'intervention d'un Avocat que l'Accusé puisse consulter; la récusation des témoins, lorsqu'il parvient à deviner qui font ceux qui ont dépofé contrelui ; la récufation de l'Inquifiteur & l'appel.

On ne donne d'Avocat à l'Accufé que lorfqu'il nie les crimes dont on l'accufe, & cela après avoir été averti par trois fois de confeffer la vérité. L'Avocat doit être plein de probité, fçavant & zèlateur de la Foi. Il eft nommé par l'Inquìfiteur ; on lui fait jurer qu'il défendra l'Accufé avec équité & avec fidelité, & qu'il obfervera un fecret inviolable fur tout ce qu'il verra & ce qu'il entendra. Son principal foin fera d'exhorter l'Accufé à confeffer la vérité & à demander pardon de fon crime s'il eft coupable. L'Accufé fera fa réponfe de vive voix ou par écrit, de concert avec fon Avocat, & cette réponfe fera communiquée au Fifcal du Saint-Office. Au refte, cette communication de l'Accufé & de fon Avocat fe fera en préfence de l'Inquifiteur. *Adnot. lib. 3, Sch.* 34.

J'ai entendu quelquefois douter, fi lorfque l'Accufé demande un autre Avocat que celui qui exerce ordinairement cet emploi au Tribunal du S. Office, l'Inquifiteur peut lui accorder sa demande. Il nous paroît que l'Inquisiteur a ce droit en vertu de l'étendue des pouvoirs de sa Charge, & que les Loix ne le lui refusent point ; il doit en user surtout lorsque l'Avocat ordinaire est ennemi ou parent de l'Accusé. *Adnot. lib. 3, Sch. 34.*

Par le ch. *si adversus* des Décretales de Grégoire IX. tit. *de hæreticis*, & par d'autres dispositions du Droit Canonique, il est défendu à tous Avocats, Notaires, &c. de prêter leur ministere aux Hérétiques. Les Auteurs ne sont pas bien d'accord sur l'interprétation de ces Loix. Voici ce qu'il y a d'incontestable. Il n'est permis de plaider en aucune maniere ni en quelque cause que ce soit pour un Hérétique connu certainement pour tel. Mais si le crime d'hérésie est encore douteux, comme lorsque l'Accusé n'a pas été encore convaincu par des témoins ou d'autres preuves légitimes, l'Avocat peut alors exercer pour lui son ministere sous l'autorité & avec la permission de l'Inquisiteur après avoir prêté serment d'abandonner la Cause aussi-tôt qu'il sera prouvé que le Client est Hérétique; c'est la louable Coutume de toutes les Inquisitions. *Adnot. lib. 2, Sch. VII.*

Il ne faut pas que les Accusés s'imaginent qu'on admettra facilement la récusation des témoins en matiere d'héréſie ; car il n'importe (*non refert*) que les témoins ſoyent gens de bien, ou infames, complices du même crime, excommuniés, hérétiques, ou coupables en quelque maniere que ce ſoit, ou parjures, &c. C'eſt ce qui a été reglé en faveur de la Foi. *In fidei favorem. Direct. part. 3, p. 296.*

La ſeule cauſe légitime de récuſation des témoins, eſt l'inimitié capitale. Or par l'inimitié capitale, il ne faut entendre que celle qui s'eſt montrée par des attentats ſur la vie, comme les bleſſures graves, dont la mort pouvoit être la ſuite. Les autres inimitiés affoibliſſent un peu le témoignage, *débititam aliqualiter*, mais ne ſuffiſent pas pour fonder une récuſation légitime. *Direct. ubi ſupra.* (*a*)

Lorſque les noms des témoins n'ont pas été communiqués à l'Accuſé, l'Inquiſiteur doit ſe charger lui-même d'examiner avec ſoin, ſi les témoins ſont véritablement ennemis capitaux de

______

(*a*) Le Commentateur Pegua n'explique pas l'inimitié capitale d'une maniere auſſi ſtricte.

l'Accusé ; parce que celui-ci, ne sça-
chant précisément quels font fes Accufateurs, ne peut fe défendre que d'une
maniere bien vague , & qu'après tout
il n'eft pas devin. *Direct. part. 3 , pag.*
296.

Comme les Accufés récufent quelquefois les témoins , fous le faux prétexte de cette inimitié capitale ; voici
quelques moyens de les empêcher
d'employer cette défenfe , fans de légitimes raifons.

1°. On peut demander à l'Accufé ,
avant de lui communiquer le Procès-
verbal , s'il n'a point d'ennemis capitaux qui ayent pû dépofer contre lui
par haine & par méchanceté , & quels
ils font ; après cela il ne peut récufer
que ceux qu'il a nommés.

2°. On peut auffi lui demander avant
la communication du Procès-verbal, *con-*
noiffez-vous un tel & un tel ? (Ceux qui
ont dépofé contre lui les chofes les
plus graves.) S'il répond, *non* , il ne
peut plus les récufer comme fes ennemis capitaux. S'il répond , *oui* , on lui
demande s'il fçait que cet homme ait
tenu des propos contre la Foi , & quels ?
S'il répond qu'il lui en a entendu tenir ,
(ce qui doit arriver fouvent , parce

que les coupables croyent par-là infirmer le témoignage de leurs Accusateurs). On lui demandera si cet homme
est son ami ou son ennemi ? Alors l'Accusé , pour appuyer ce qu'il vient de
dire , répondra que cet homme n'est
pas son ennemi , & dèslors il ne pourra
plus le récuser. Au cas qu'il dise qu'il
n'a rien entendu dire à cet homme
contre la Foi ; on lui demandera aussi
s'il y a quelqu'inimitié entr'eux , &
selon sa réponse , on admettra ou re-
jettera la récusation. Cependant ces
deux artifices doivent être employés
avec quelque réserve , parce que l'Accusé ainsi interrogé à l'improviste , peut
fort aisément se nuire à lui-même sans
être coupable. *Direct. p. 297 & 298.*

Il faut cependant remarquer qu'en
certain cas l'inimitié même capitale
n'empêche pas la validité du témoignage. Il y a des gens qui lorsqu'ils ont
commis quelque crime contre la Foi &
qu'ils sçavent que quelqu'un peut rendre témoignage contre eux , font assez
méchans pour chercher querelle de
propos déliberé à celui qui peut les
accuser , & le maltraitent pour pouvoir le récuser ensuite sous prétexte
d'inimitié capitale. Or comme la fraude

ne doit jamais être utile à fon Auteur,
une inimitié capitale de cette efpece
n'eft pas un motif légitime de récufation. *Adnot. lib. 3 , fch. 123.*

Paffons maintenant à la récufation
du Juge. Regle générale , on ne peut
récufer un Inquifiteur que pour raifon
d'inimitié capitale ou tout-à-fait grave.
Adnot. lib. 3 , Sch. 38.

Dans le cas de récufation , l'Inquifiteur choifira un arbitre , homme de
bien , & l'Accufé un autre : S'ils font
d'accord , la récufation aura fon effet ;
s'ils font d'avis oppofé , ils choifiront
un troifiéme arbitre , dont l'avis déci-
dera de la nullité , ou de la légitimité
de la récufation. *Direct. part. 3 , p. 298
& 299.*

Quoique la récufation des Juges ,
tant délégués qu'ordinaires , ait lieu
dans les caufes civiles & criminelles ,
cependant de célebres Auteurs prétendent que les Inquifiteurs ne peuvent être
récufés comme fufpects , parce qu'on
doit toujours fuppofer qu'on ne choifit
pour remplir cette grande fonction que
des hommes très-juftes , très-prudens,
& au-deffus de toute efpece de foupçon ; c'eft le fentiment d'Archidiaconus,
de Ripa , de Rojas & de Bernardus-

Comenfis ; ce dernier même ajoûte dans *fa Lanterne des Inquifiteurs*, au mot *Récufation*, que la récufation n'a prefque jamais lieu dans les Tribunaux du Saint-Office.

Quoique ce fentiment foit plus conforme à l'opinion avantageufe qu'on doit avoir de la probité des Inquifiteurs, l'opinion contraire eft cependant plus fûre, & doit être admife, parce qu'elle éloigne mieux tout foupçon d'injuftice de ce faint Tribunal. *Adnot. lib. 3, Sch. 38.*

L'Inquifiteur a deux moyens de rendre nulle la récufation que l'Accufé fait de lui.

D'abord, s'il préfume que l'Accufé veuille le récufer, il faut, avant que la récufation lui foit fignifiée, qu'il donne tous fes pouvoirs à une autre perfonne qui jugera l'Accufé par commiffion ; de ce moment l'Inquifiteur lui-même ne pourra pas être récufé, non plus que le Commiffaire à qui il aura donné fes pouvoirs.

En fecond lieu, lorfqu'une récufation fera préfentée à l'Inquifiteur, & qu'elle fera fondée fur de bonnes raifons, comme, par exemple, fur ce qu'il auroit refufé à l'Accufé les défenfes de droit, ou abusé de quelqu'autre maniere de son ministere, il faudra que l'Inquisiteur corrige les fautes qu'il aura faites, & remette le Procès dans l'état où il étoit avant le moment auquel il a donné lieu à la récusation par le vice de sa procédure ; alors il dira à l'Accusé : *Je remets le Procès à l'état où il étoit lorsque vous avez cru devoir former votre récusation, & je vous accorde les défenses de droit, &c. ainsi votre récusation devient nulle.* Direct. part. 3, p. 298.

Quant à l'appel que l'Accusé fait de l'Inquisiteur au souverain Pontife, voici quelques observations importantes.

1°. Toutes les Loix décident que le bénéfice de l'appel est absolument interdit aux hérétiques, c'est la Loi de l'Empereur Frédéric, & le Concile de Constance l'a suivie en rejettant comme vain & illusoire l'appel interjetté par Jean Hus. Cependant il y a des cas où l'appel de l'Accusé est autorisé par les Loix même ; mais cette opposition se concilie facilement. Les hérétiques ne peuvent jamais appeller de la Sentence définitive, parce que l'appel a été établi en faveur de l'innocence, & non pas pour servir de défense au crime; or il est manifeste qu'on ne condamne jamais perfonne comme coupable d'héréfie par une Sentence définitive , qu'il n'ait avoué, ou qu'il ne foit légitimement convaincu.

D'ailleurs, on a été obligé de rejetter tout appel de la Sentence définitive , en faveur de la foi , en haine des hérétiques, & pour empêcher que les Jugemens ne traînent en longueur ; enfin il feroit indécent qu'une Sentence portée après un long examen & une mure délibération , pût être ainfi infirmée par des calomnies injuftes.

Mais les Accufés peuvent appeller des Sentences interlocutoires, lorfqu'ils s'apperçoivent qu'on s'écarte envers eux des régles de l'équité ; c'eft ce que difent très-bien Eymeric, *Direct. part.* 3, *quæft.* 117. Zanchinus , Simancas , Squillacenfis , &c. *Adnot. lib. 3 , Sch.* 39.

2°. L'appel qu'un Accufé fait de l'Inquifiteur , n'empêche pas celui-ci de demeurer Juge contre lui fur d'autres chefs d'accufation. *Direct. part.* 3 , *p.* 302.

Ainfi, fi un Accufé , après fon appel interjetté eft dénoncé à l'Inquifiteur , comme coupable d'autres héréfies , l'Inquifiteur peut proceder contre lui fur ces nouveaux chefs , nonobftant l'appellation.

pellation. *Adnot. lib. 3 , Sch. 42.*

3°. L'appel que l'Accusé fait de l'Inquisiteur peut être tantôt sans fondement légitime , & tantôt appuyé sur de justes motifs.

Dans le premier cas , l'Inquisiteur , après avoir accordé un délai à l'Accusé , ce délai expiré lui signifiera que son appel est mis à néant , & détruira dans sa réponse , qui sera communiquée par écrit , les prétextes sur lesquels l'Accusé aura fondé son appel.

Dans le deuxiéme cas , c'est-à-dire lorsque la récusation est fondée sur de justes motifs , l'Inquisiteur fera droit sur l'appel de l'Accusé dans un écrit conçu de la maniere suivante.

Nous Inquisiteur , répondant à l'appel interjetté (si cependant votre démarche mérite le nom d'appel légitime.) Disons & déclarons que nous avons procédé envers vous selon les regles du droit Ici l'Inquisiteur détruira les raisons de l'Accusé , le moins mal qu'il lui sera possible. *D'où il suit , que notre procédure est réguliere , que nous ne vous avons point donné de justes raisons d'en appeller. Votre appel est donc nul & frivole , vous n'y avez recours que pour éviter votre juste condamnation , & nous ne sommes*

D

pas tenus d'y avoir aucun égard ; cependant par respect pour le Siége Apostolique, nous le recevons & nous vous assignons, tant de tems, pendant lequel vous serez conduit à Rome, sous bonne & sûre garde, & les piéces de votre procès remises à qui il appartiendra, &c.

Je conseille aux Inquisiteurs de ne point aller eux-mêmes à Rome suivre les causes dans lesquelles on a interjetté appel ; car ces voyages leur coûteront beaucoup d'argent & de fatigue, & leur causeront souvent beaucoup de chagrin. Que s'il arrive qu'ils soient cités en personne à la requisition des Accusés, qu'ils fassent tout ce qu'ils pourront pour ne point entrer en cause, & pour réduire toute la procédure à la discussion des piéces du procès. Au reste, les citations des Inquisiteurs à la Cour de Rome, entraînent les plus grands inconvéniens pour la République Chrétienne. Pendant leur absence, leurs Commissaires ne suivent pas les causes avec la même vigueur, on ne les craint pas autant que les Inquisiteurs, l'audace des hérétiques augmente, & les Inquisiteurs eux-mêmes, voyant que leur zèle pour la foi, les a exposés à beaucoup de chagrins, se relâchent de

leur rigueur dans la pourſuite de l'héréſie.. *Direct.* 3. *part.* pag. 301. 302.
303.

Ces inconvéniens ont déterminé les
Souverains Pontifes à ſupprimer les citations perſonnelles des Inquiſiteurs, &
à attribuer la connoiſſance des appels
interjettés dans les inquiſitions particulieres aux Inquiſiteurs généraux établis dans les différens Royaumes, c'eſt
ainſi que dans toute l'Eſpagne on appelle à l'Inquiſiteur général, & celui-
ci décide avec ſon Conſeil. *Adnot. lib.*
3. *Scho.* 42.

CHAPITRE V.

DE LA TORTURE.

ON donne la torture à l'Accusé pour lui faire avouer son crime.

Voici les regles qu'on doit suivre pour décerner la question.

On applique à la question 1°. un Accusé qui varie dans ses réponses sur des circonstances en niant le fait principal.

2°. Celui qui ayant la réputation d'être hérétique, & sa diffamation étant prouvée, a contre lui un témoin (même unique) qui dépose de l'avoir entendu dire ou faire quelque chose contre la foi, parce qu'alors ce témoin & la mauvaise réputation de l'Accusé font une semi-preuve & forment deux indices qui suffisent pour décerner la question.

3°. Si au lieu du témoin qu'on vient de supposer il se joint à la diffamation d'hérésie plusieurs autres indices vehements ou même un seul, on doit encore donner la question.

4°. Même lorsqu'il n'y a pas diffamation d'héréfie, un feul témoin qui a vu ou entendu faire ou dire quelque chofe contre la foi & d'autres parts, un ou plufieurs indices véhémens fuffifent pour décerner la queftion.

En général des chofes fuivantes, un témoin de fcience certaine, la mauvaife réputation en matiere de foi, un indice véhément, une feule ne fuffit pas, & deux enfemble font néceffaires & fuffifans pour ordonner la queftion. *Direct. part. 3, quæft. 42. Adnot. lib. 3 , fch. 118.*

Il y a cependant une exception à faire à ce que nous venons de dire que la mauvaife réputation ne fuffit pas feule pour décerner la queftion, & c'eft 1°. lorfqu'à la mauvaife réputation font jointes de mauvaifes mœurs : car les gens de mauvaifes mœurs tombent facilement dans l'héréfie & furtout dans les erreurs qui autorifent leur vie criminelle. C'eft ainfi, par exemple, que ceux qui font très-incontinens & qui ont un grand penchant pour les femmes fe perfuadent aifément que la fimple fornication n'eft pas un péché. 2°. Lorfque l'Accufé s'eft enfui, cet indice joint à la mauvaife réputation, fuffit encore pour décerner la queftion. *Adnot. lib. 3. fect. 118.*

D iij

Il y a des cas où les indices ne suffi-
fent pas pour enjoindre la purgation
canonique ou l'abjuration (*a*) , tandis
qu'ils font fuffifans pour décerner la
queſtion. La raiſon de cela eſt que la purgation & l'abjuration ſont des peines
très-graves, à raiſon du danger que cou-
rent ceux qui y ont été ſoumis d'être
livrés au bras ſéculier à la premiere
faute qui eſt regardée comme une rechute. La queſtion au contraire n'eſt
pas ſi dangéreuſe , & c'eſt un des meilleurs moyens qu'on mette en uſage
pour purger le ſoupçon d'héréſie. *Adnot.*
lib. 3 , ſch. 53.

Voici la forme de la Sentence de torture : « *Nous , par la grace de Dieu , N.*
» *Inquiſiteur , &c. conſidérant avec atten-*
» *tion le procès inſtruit contre vous , voyant*
» *que vous variez dans vos réponſes & qu'il*
» *y a contre vous des indices fuffiſants.*

Pour tirer la vérité de votre propre bou-
che , & afin que vous ne ſatiguiez plus les
oreilles de vos Juges , nous jugeons , dé-
clarons & décidons qu'un tel jour , à telle
heure vous ſerez appliqué à la queſtion.

Quoiqu'on ait ſuppoſé dans cette formule qu'il y avoit variation dans les ré-

(*a*) On verra plus bas ce que c'eſt que l'abjuration & la purgation canonique.

ponses de l'Accusé, & d'autre part indices suffisans pour l'appliquer à la question ; ces deux conditions ensemble ne
sont pas nécessaires, elles suffisent ré-
ciproquement l'une sans l'autre. *Direct.*
3. pars. p. 313.

On ne doit décerner la question que
lorsqu'on a déja mis inutilement en
usage tous les autres moyens de découvrir la vérité. De bonnes manieres,
de la finesse, les exhortations de quelques personnes bien intentionnées, la
réflexion, les incommodités de la prison suffisent souvent, pour tirer des
coupables l'aveu de leur faute.

Les tourmens mêmes ne sont pas un
moyen sûr de connoître la vérité. Il y
a des hommes foibles qui à la premiere
douleur avouent même les crimes qu'ils
n'ont pas commis, & d'autres vigou-
reux & opiniâtres qui supportent les
plus grands tourmens. Il y en a qui
ayant déja souffert la question, la sou-
tiennent avec plus de constance, parce
que leurs membres s'étendent presque
tout de suite & résistent fortement, &
d'autres qui par leurs sortiléges deviennent comme insensibles & mourroient
dans les supplices plutôt que de rien
avouer. Ces malheureux employent

pour leurs maléfices des passages de l'Ecriture qu'ils écrivent d'une maniere étrange sur des parchemins vierge, ils y mêlent des noms d'Anges qu'on ne connoît point, des cercles, des caracteres singuliers, & portent ces caracteres sur quelque endroit caché de leur corps. Je ne sçai pas encore de remedes bien sûrs contre ces sortiléges, on fera cependant bien de dépouiller & de visiter les coupables avec soin avant de les mettre à la question. *Adnot. lib. 3.*

Lorsque la Sentence de torture aura été portée, & pendant que les Bourreaux se disposeront à l'exécuter, il faudra que l'Inquisiteur & des gens de bien fassent de nouvelles tentatives pour engager l'Accusé à confesser la vérité. Les Tortionnaires dépouilleront le Criminel avec une espece de trouble, de précipitation & de tristesse qui puissent l'effrayer, & lorsqu'il sera tout-à-fait dépouillé on le tirera à part & on l'exhortera encore à avouer. On lui promettra la vie à cette condition, à moins qu'il ne soit relaps, auquel cas il ne faut pas la lui promettre (*a*).

(*a*) C'est-à-dire, que l'Inquisiteur promettra la vie à ceux que les Loix ne condamnent point à la mort.

Si tout eſt inutile, on l'appliquera à
la queſtion, pendant laquelle on lui
fera ſubir l'interrogatoire d'abord ſur
les articles les moins graves ſur leſquels
il eſt ſoupçonné, parce qu'il avouera
plutôt les fautes légeres que les plus
conſidérables.

S'il s'obſtine toujours à nier, on lui
mettra ſous les yeux les inſtrumens
d'autres ſupplices, & on lui dira qu'il
lui faudra paſſer par tous s'il ne veut
pas confeſſer la vérité.

Enfin, ſi l'Accuſé n'avoue rien, on
pourra continuer la queſtion le ſecond
& le troiſiéme jour, mais on ne pourra
que continuer les tortures & non les
répéter (*a*), parce qu'on ne doit pas les
répéter ſans de nouveaux indices qui
ſurviennent, mais il n'eſt pas défendu
de les continuer : (*ad continuandum non
ad iterandum, quia iterari non debent, niſi
novis ſupervenientibus indiciis, ſed con-
tinuari non prohibentur.*)

Lorſqu'un Accuſé a ſupporté la queſtion ſans rien avouer, l'Inquiſiteur doit

______

(*a*) On ne voit pas bien quelle différence
il y a pour le Patient, entre continuer, ou
répéter la torture ; mais il faut croire qu'il y
en a une pour l'Inquiſiteur. *Direct. part.* 3,
pag. 313, 314.

lui donner la liberté par une Sentence qui portera qu'*après un examen soigneux de son procès, on n'a rien trouvé de légitimement prouvé contre lui sur le crime dont on l'avoit accusé.*

Pour ceux qui avouent, ils sont traités comme les hérétiques pénitens non relaps si c'est pour la premiere fois ; comme les impénitens, s'ils ne veulent pas abjurer : & comme les relaps, si c'est effectivement la seconde fois qu'ils sont tombés dans l'héréfie (*a*).

Dans les commencemens de l'établissement de l'Inquisition, les Inquisiteurs ne faisoient pas appliquer eux-mêmes les Accusés à la question, de peur d'encourir l'irrégularité. Ce soin regardoit les Juges Laïcs, d'après la Bulle *ad extirpanda*, du Pape Innocent IV. dans laquelle ce Pontife enjoint aux Magistrats *de contraindre par les tourmens les Hérétiques, ces assassins des ames, & ces voleurs de la Foi chrétienne & des Sacremens de Dieu*, de les contraindre d'avouer leurs crimes, & de dénoncer les autres hérétiques leurs complices. Dans la suite comme on remarqua que la procédure n'étoit pas assez secrete, & qu'il

____

(*a*) On verra plus bas les peines décernées dans ces différens cas. *Direct. ibidem. p. 314.*

en résultoit de grands inconvéniens pour la Foi; on a trouvé plus commode & plus salutaire d'attribuer aux Inquisiteurs le droit d'infliger eux-mêmes la question, sans avoir recours aux Juges Laïcs, en leur accordant outre cela le pouvoir de se relever mutuellement de l'irrégularité qu'ils peuvent encourir dans certains cas (*a*).

Nos Inquisiteurs employent ordinairement cinq espèces de tourmens dans la question; comme c'est une chose connue de tout le monde, je ne m'y arrêterai pas. On peut consulter Paulus Grillandus Locatus, &c. Le Droit Canonique n'ayant pas déterminé tel & tel supplice en particulier, les Juges peuvent se servir de ceux qu'ils croiront les plus propres à tirer de l'Accusé la confession de son crime; cependant on ne doit point faire usage de tourmens inusités. Marsilius fait mention de quatorze espèces de tourmens : il ajoute même qu'il en a imaginé d'autres, comme la soustraction du sommeil, en quoi il est approuvé par Grillandus & par Locatus ; mais si l'on me permet d'en dire natu-

____

(*a*) Comme lorsque les Accusés meurent dans les tourmens. *Adnot. L. 3. Schol.* 118.

rellement mon avis , ce font là des recherches de bourreaux , plutôt que des
traités de Théologiens.

C'eft affurément une coutume louable d'appliquer les criminels à la queftion , mais je défapprouve fortement
ces Juges fanguinaires , qui par je ne
fçai quelle vaine gloire , employent des
tourmens recherchés & fi cruels , que
les Accufés meurent dans la torture ou
perdent quelques-uns de leurs membres.
Ce qu'Antoine Gomès blâme auffi avec
beaucoup de force.

Le privilége que les Loix accordent
aux perfonnes nobles , de ne pouvoir
être mifes à la queftion dans les autres
caufes , n'a pas lieu en matiere d'héréfie ; & dans le Royaume d'Arragon
où la torture n'eft jamais employée
pour les crimes civils , on la met en
ufage dans les Tribunaux du Saint-
Office. *Adnot. Lib. 3. Schol. 118.*

Les Criminels feignent fouvent la
folie pour éviter la torture ; mais lorfqu'on foupçonne que cette démence
n'eft que fimulée , il ne faut pas différer
pour cela de les appliquer à la queftion
qui pourra mieux fervir en pareil cas à
faire connoître fi la demence eft vraie

ou feinte ; & pourvû qu'il y ait d'ailleurs d'autres indices, il n'y a point d'inconvénient à les éprouver ainſi , vû qu'il n'y a pas danger de mort. *Adnot. Lib. 3. Schol. 25.*

CHAPITRE VI.

De la contumace & de la fuite du Coupable.

UN Accusé peut être absent pour ses affaires, & ignorant qu'il a été déferé à l'Inquisiteur ; ou bien il a pris la fuite pour éviter d'être saisi.

Lorsque l'Accusé est absent de bonne foi, l'Inquisiteur doit s'informer le plus secrettement qu'il sera possible, s'il doit revenir ou non. S'il doit revenir, il faut attendre patiemment un an & plus, & après son retour on procédera contre lui.

S'il ne doit pas revenir, alors il faut le citer à comparoître en personne dans un temsdonné, s'il ne comparoît pas on l'excommunie ; s'il demeure sous l'excommunication une année, la coutumace est décidée. On requiert alors les Seigneurs temporels des lieux où s'il est enfui de le faire saisir ; si on ne peut pas s'emparer de sa personne, on instruit la contumace, on prononce la Sentence contre lui, & on le livre à la Justile Séculiere qui le fait brûler en effigie.

Si l'Accusé, a pris la fuite pour se souftraire à l'Inquisition, il y a trois cas différens.

Le premier, quand le Fugitif eft convaincu par sa propre confeffion ou par l'évidence du fait, ou par des témoignages fuffifans. Le fecond, lorfqu'il eft feulement déferé & cité au Tribunal du Saint-Office, comme fufpeft d'héréfie. Le troifieme, lorfqu'il eft fauteur d'hérétique.

Dans tous ces cas il eft cité à comparoître dans un tems donné ; fi après les citations, il ne comparoît pas, il eft frappé de l'excommunication ; & s'il y croupit une année entiere, il eft condamné comme hérétique, & foumis à toutes les peines de droit.

Cependant il faut remarquer que dans le fecond & le troifieme cas, il peut fort bien arriver que le Fugitif ne foit pas effectivement hérétique ; mais il eft toujours condamné comme tel par une fiction ou préfomption de droit. *Adnot. Lib. 3. Schol.* 69.

*Pour la citation d'un Hérétique convaincu
contumax & fugitif, on employe la
Formule suivante :*

» Nous, Inquifiteurs de la Foi, à
» Vous N..... natif d'un tel endroit, d'un
» tel Diocèfe : Dieu vous rende plus fage.

» Notre plus grand defir a toujours
» été que la Vigne du Dieu Sabaoth,
» plantée par la droite du Pere célefte,
» arrofée par le Sang de fon Fils, ren-
» due féconde par les dons de l'Efprit-
» Saint, & douée des plus grands pri-
» viléges par toute la bienheureufe &
» incompréhenfible Trinité, ne fût pas
» dévorée par le Sanglier de la Forêt,
» c'eft-à-dire, par l'Hérétique, ni étouf-
» fée par les ronces de l'héréfie, ni em-
» poifonnée par le fouffle empefté du
» ferpent ennemi..... Nous mettions
» tout notre foin à empêcher les petits
» renards de Samfon, qui font les héré-
» tiques, de manger la moiffon du
» champ du Pere de Famille, & d'y
» mettre le feu avec leurs queues en-
» flammées, c'eft-à-dire, de pervertir
» par des fubtilités damnables, la pu-
» reté de la Foi catholique ; c'eft pour
» cela, qu'après vous avoir convaincu

» d'être tombé dans telle & telle héré-
» fie, & nous être faisi de vous, nous
» vous préparions des remédes falutai-
» res ; mais conduit & féduit par l'ef-
» prit malin, vous vous êtes enfui de
» votre prifon. Nous vous avons cité à
» notre Tribunal, & vous avez refufé
» de comparoître ; Nous vous avons
» excommunié, & vous êtes demeuré
» dans l'excommunication pendant tant
» de tems ! Nous ignorons en quel en-
» droit le Démon vous a conduit : Nous
» avons attendu avec bonté que vous
» retournaffiez au fein de l'Eglife. Main-
» tenant donc, que vous perfiftez dans
» ces criminelles difpofitions, nous vous
» citons pour la derniere fois, à com-
» paroître en perfonne, un tel jour,
» en tel endroit, &c. en vous fignifiant
» que ce terme arrivé, nous prononce-
» rons contre vous la Sentence défini-
» tive, que vous comparoiffiez ou non,
» & afin que vous n'en prétendiez caufe
» d'ignorance, Nous ordonnons que les
» préfentes Lettres de citation foient
» affichées & publiées, &c. *Direct.*
Part. 3. p. 343. &c.

On joint à ces citations des Lettres
adreffées aux Inquifiteurs, ou aux Ma-

giftrats des Lieux dans lefquels le cou‑
pable s'eft enfui.

L'Inquifiteur y dit , en parlant du
Fugitif : » Le malheureux , accumulant
» crime fur crime , conduit par fa folie
» & féduit par l'ennemi qui a trompé
» le premier homme , craignant les re‑
» médes falutaires qu'on vouloit appli‑
» quer à fes bleffures, & refufant de fu‑
» bir la peine temporelle pour éviter la
» mort éternelle, s'eft joué de Nous &
» de la fainte Eglife , en fuyant de fa
» prifon. Pour Nous , voulant encore
» plus fortement qu'auparavant , le gué‑
» rir des playes que lui a faites l'ennemi
» du Salut ; & défirant avec la plus
» grande tendreffe , *vifceraliter* , de le
» ramener dans la prifon fufdite , pour
» examiner s'il marche dans les téné‑
» bres , ou dans la lumiere : Nous vous
» requérons & exhortons de le faire
» faifir, & de nous l'envoyer fous bon‑
» ne & fûre garde ; nous engageant par
» les Préfentes , à payer toutes les dé‑
» penfes que vous ferez obligés de faire,
» &c. *Direct. Part. 3. p. 305. 306. & 307.*

Au refte, l'Hérétique contumax eft
foumis aux peines portées contre les
Hérétiques convaincus ; & lorfqu'il eft

saisi , il est puni selon la nature de sa faute , c'est-à-dire , comme hérétique impénitent, s'il s'obstine à soutenir ses erreurs ; comme relaps , si c'est pour la deuxieme fois , &c.

Si le Fugitif comparoît au jour prescrit , & qu'il se repente , on le traitera comme l'hérétique pénitent. V. plus bas.

S'il ne comparoît pas , on prononce contre lui une Sentence par laquelle on le déclare hérétique impénitent,& on le livre, comme tel , au bras Séculier ; s'il est pris , son procès est tout fait , on le traite comme l'hérétique impénitent. Voy. plus bas.

Zanchinus, Campegius & d'autres Auteurs très-respectables assurent qu'on doit tenir pour convaincu, & condamner comme tel tout homme qui s'enfuit de sa prison ; mais on peut dire seulement que la fuite fortifie beaucoup le soupçon d'hérésie. Au fond il est plus raisonnable de soupçonner qu'un pauvre homme s'enfuit parce qu'il est mal en prison , ou par la crainte des tourmens, que parce qu'il est hérétique ; cependant si on reprend un fugitif, on ne doit pas laisser sa fuite impunie , il faudra le fouetter publiquement pour sa fuite seulement , si c'est un homme du commun ; fi c'eft un Docteur ou un Religieux, le garder plus étroitement & le punir de quelqu'autre maniere très-févere. *Adnot. lib. 3 , fch. XLVII.*

La remarque précédente doit s'entendre d'un hérétique qui s'enfuit pendant l'inftruction de fon procès ; mais fi un hérétique s'enfuit de la prifon perpétuelle à laquelle il a été condamné, il doit être puni de mort comme l'hérétique impénitent, parce qu'on doit préfumer qu'il a encore un levain d'héréfie caché dans le cœur, puifqu'il fe fouftrait à la pourfuite qui lui a été enjointe. *Direct. 3 part. queft. 97 (a).*

Lorfque l'hérétique convaincu & contumax a été condamné, il peut être pris, dépouillé & même tué par tout particulier, en cas de réfiftance. En effet, il eft au ban du Pape & des Princes féculiers , & on eft avec lui dans l'état de guerre. C'eft ce qu'enfeignent Geminianus , Godofredus , Gazaros , Roias , &c. *Adnot. Lib. 3 , fch. 48.*

Quoiqu'il foit défendu par les Loix

______

(a) Ce fentiment d'Eymeric eft adopté par Ancharanus, *Dominicus, Arelatanus, Zanchinus , &c.* Mais fon Commentateur convient qu'il eft un peu trop dur. *Adnot. lib. 3. Sch. 144.*

en matiere civile & criminelle, d'entendre les témoins & de juger définitivement ſans que la cauſe ſoit débattue
d'un & d'autre côté, & ſans que la Sentence ſoit contradictoire, le débat de
la cauſe étant, ſelon les Juriſconſultes,
la baſe de tout jugement, cette regle
ne s'obſerve point en matiere d'héréſie, parce que en faveur de la Foi les
Inquiſiteurs ſont autoriſés à négliger
toutes ces formes, & à procéder *ſimpli-
citer & de plano.* Ainſi la dépoſition des
témoins, même en l'abſence du coupable ou d'un Procureur pour lui, produit ici tout ſon effet, quoiqu'il n'en
ſoit pas de même dans les cauſes d'un
autre genre. *Adnot. lib.* 2 *ſch.* 17.

CHAPITRE VII.

DE L'ABSOLUTION.

ON abfout l'Accufé lorfqu'après un mûr examen on ne trouve aucue preuve contre lui, & que d'ailleurs il n'eft ni fufpeɛt ni mal famé : voici la fubftance de cette Abfolution.

» Le Saint Nom de Dieu invoqué,
» nous déclarons qu'il n'y a rien de lé-
» gitimement prouvé contre vous qui
» puiffe vous faire regarder comme fuf-
» peɛt d'héréfie ; c'eft pourquoi, &c.

Il faut bien prendre garde d'inférer dans la formule d'Abfolution que l'Accufé eft innocent (*caveatur quod non ponatur quod eft infons*) mais feulement qu'il n'y a pas de preuves fuffifantes contre lui. *Sed quod non fuit probatum legitimè contra eum,* précaution qu'on prend afin que fi dans la fuite l'Accufé qu'on abfout étoit remis en caufe, l'Abfolution qu'il reçoit ne puiffe paslui fervir de défenfe. *Direɛt. part. 3 pag. 319.*

C'eſt une maxime générale qu'en faveur de la Foi & en matiere d'héréſie,
une Sentence d'Abſolution ne doit jamais être regardée comme un dernier
jugement. *Adnot. lib.* 3, *ſch.* 161.

CHAPITRE VIII.

Des différentes peines décernées par l'Inquifition.

LES peines décernées par l'Inquifi-tion font la purgation canonique ; l'abjuration dans les cas de foupçon d'héréfie, & les pénitences dont elle eft fuivie ; les peines pécuniaires, c'eft-à-dire, les amendes & la confifcation des biens ; la privation de toute efpece d'Office & d'Emploi ; la prifon perpé-tuelle, & l'abandonnement du Con-damné à la Juftice. Séculiere.

De la purgation canonique.

La purgation canonique eft enjointe à ceux qui ayant été traduits devant l'Inquifiteur comme diffâmés d'héréfie, n'ont pas pû être convaincus d'avoir dit ou fait quelque chofe contre la Foi ; mais font feulement accufés d'héréfie par le bruit public.

Pour la purgation canonique, l'Ac-cufé

cufé eft obligé de trouver un certain nombre de gens de bien, bons Catholiques, & de l'état même qu'il exerce; des Religieux, s'il eft Religieux, &c. on les appelle *Compurgatores*; le nombre doit en être plus ou moins grand, fuivant la gravité du foupçon d'héréfie; il faut qu'ils ayent connu le coupable depuis plufieurs années. On fait jurer l'Accufé fur les Evangiles qu'il n'a point tenu ni enfeigné, & qu'il ne tient & n'enfeigne pas les doctrines hérétiques fur lefquelles on l'avoit accufé, & fes Compurgateurs jurent avec les mêmes formalités qu'ils croyent que l'Accufé a dit la vérité dans le ferment qu'il vient de faire. La purgation fe fait dans toutes les Villes où l'Accufé a été diffâmé. *Direct. part. 3, p. 312 & 313.*

On donne un certain tems à l'Accufé pour chercher fes Compurgateurs. S'il ne peut pas les fournir au nombre qu'on exige ou tels qu'on les demande, c'eft-à-dire du même état que le fien ou de bonnes mœurs, &c. il eft dès-lors convaincu & condamné comme hérétique. *Direct. ibid.*

D'aprés la même regle, celui qui ne peut pas trouver des gens qui veuillent lui fervir de Purgateurs, *eum qui deficit in purgatione*, & qui auparavant auroit été trouvé coupable d'héréfie, doit être jugé & condamné comme Relaps, & livré au bras Séculier : c'eft l'opinion commune. C'eft pourquoi il ne faut pas ordonner légérement la purgation canonique, parce qu'elle dépend de la volonté d'autrui. *Adnot. lib. 3, fch. X.*

La purgation canonique eft quelquefois prefcrite à des perfonnes diffamées par le bruit public, & qui ne font pas entre les mains des Inquifiteurs, alors celui qui refufe de s'y foumettre eft excommunié, & s'il demeure un an fous l'excommunication, il eft tenu pour hérétique, & foumis à toutes les peines de droit. *Direct. part. 3, p.* 312 & 313.

CHAPITRE IX.

DE L'ABJURATION.

L'Abjuration est ordonnée dans le cas du soupçon léger d'hérésie *de levi*, dans celui du soupçon *vehement, de vehementi*, & dans le cas du soupçon violent, *ubi quis est suspectus de hæresi violenter* : ce sont trois degrés différens.

Les formules d'abjuration sont à-peuprès les mêmes dans les trois cas ; mais elles sont suivies de punitions différentes pour le moment, & ce qu'il y a de principal de peines très-différentes dans le cas où celui qui a fait abjuration viendroit à retomber dans l'hérésie ; car le relaps après l'abjuration *de levi* n'est pas livré au bras Séculier, au contraire après l'abjuration *de vehementi*. Direct. part. 3 , p. 315 & suiv.

Les abjurations se font ordinairement dans l'Eglise, en présence de tout le peuple. On les fait précéder par la lecture du Symbole & des autres articles de la croyance Chrétienne, & par celle d'une liste des erreurs principales , & sur-tout de celles que l'Accusé a soutenues. Après cela l'Inquifiteur fomme l'Accufé de confeffer à haute voix qu'il eft tombé dans telle ou telle héréfie. Cependant fi l'on craint que l'Accufé ainfi fommé ne veuille s'excufer devant le peuple, alors, pour éviter le fcandale, il ne faut pas l'interroger fur la fauffeté ou la vérité des accufations particulieres intentées contre lui, mais lui demander feulement s'il veut abjurer les propofitions hérétiques dont on vient de faire lecture. *Direct.* 3, *part. p. 327.*

Dans l'abjuration *de levi*, l'Inquifiteur donne à l'Abjurant l'avertiffement qui fuit. « Mon cher fils, prenez garde » à vous, car quoique fufpect légere- » ment, pour un rien, *pro modico*, vous » deviendriez fufpect gravement, & » vous feriez obligé d'abjurer comme » tel, & fi vous retombiez vous feriez » livré fans miféricorde au bras Sécu- » lier, pour être puni du dernier fup- » plice».

Après cela l'inquifiteur lui enjoindra la pénitence qu'il jugera à propos. *Direct. part.* 3, *p. 316.*

Dans le 2d cas, qui eft celui du foup-çon *de vehementi*, l'abjuration eft fuivie communément de la peine de la prifon pour un tems, ou de l'obligation de se tenir aux portes de l'Eglise pendant la Messe, avec un cierge à la main, ou de celle de faire un tel pélerinage ; mais l'Accusé n'est point emprisonné pour toujours & ne porte point de croix jaunes sur ses habits, ces peines étant paticulieres aux hérétiques, proprement dits. *Direct. part. 3. p. 319.*

Dans le troisieme cas qui est celui du *soupçon violent*, l'abjuration est suivie de peines plus graves : voici la forme de la Sentence que l'Inquisiteur prononce au coupable.

» Nous Inquisiteur, &c. vous ayant
» trouvé coupable de telles & telles
» fautes pour lesquelles vous êtes avec
» justice soupçonné violemment d'héré-
» sie ; comme vous avez suivi un bon
» conseil en abjurant, Nous vous don-
» nons l'absolution de l'excommunica-
» tion que vous aviez encourue ; mais
» comme nous ne pouvons pas laisser
» impuni, le crime que vous avez
» commis contre la Majesté Divine,
» & afin que vous deveniez désor-
» mais plus circonspect, & que dans
» l'autre monde vous soyez moins sé-
» verement puni.... Nous vous con-
» damnons, 1° à porter par-dessus vos

» vêtemens ordinaires, un habit brun
» en forme de scapulaire de Moine sans
» capuchon, avec des croix jaunes de-
» vant & derriere, longues d'un pied
» & demi & larges de deux. 2°. Vous
» vous tiendrez à la porte de telle
» Eglise avec votre habit & vos croix,
» aux grandes Fêtes de l'année. 3°.
» Vous serez en prison pendant tant
» de tems, &c.

   » Après la Sentence prononcée, l'In-
» quisiteur dira au coupable, mon cher
» fils, prenez patience & ne vous dé-
» sespérez pas : si nous voyons en vous
» des signes de repentir, nous adou-
» cirons votre pénitence ; mais gar-
» dez-vous bien de vous écarter de ce
» que nous vous prescrivons : parce
» que si vous y manquez, vous serez
» puni, comme hérétique impénitent.

   L'Inquisiteur finira par donner une
indulgence de quarante jours à ceux
qui auront assisté à la cérémonie, &
de trois ans à ceux qui y seront entrés
pour quelque chose, &c. *Direct. part.*
3. p. 322.

   On peut quelquefois, selon les circonstances, se relâcher sur la prison,
& sur la nourriture au pain & à
l'eau ; mais il ne faut jamais user d'in-

dulgence fur l'article de l'habit & des croix , parce qu'elles font pour celui qui les porte , une pénitence falutaire, & pour les autres un grand fujet d'édification, *Direct. part. 3. paſſim.*

Si le coupable retombe dans l'héréſie, il eſt livré au bras féculier , comme relaps ; on l'en avertit dans la cérémonie de fon abjuration & de fon abſolution.

On fait faire auſſi l'abjuration aux hérétiques pénitens non relaps & relaps ; mais ils font outre cela punis les premiers de la priſon perpétuelle , & les relaps abandonnés à la Juſtice feculiere.

On demande ſi celui qui a abjuré une héréſie en particulier, retombant dans une héréſie diſtinguée de la premiere, doit être cenſé relaps ; Andreas penſe que non ; mais Archidiaconus , Geminianus & d'autres font d'opinion contraire. Le fentiment d'Andreas paroît plus vrai à conſulter le fens propre du terme relaps ; celui d'Archidiaconus fera préféré, ſi on conſidere que toutes les héréſies fe tiennent & font liées étroitement. Au reſte cette queſtion devient déformais inutile à traiter , parce que l'uſage aſtuel étant d'exiger toujours une

abjuration générale de toute héréfie ,
lorfque l'Accufé eft foupçonné *de vehementi* ou *violenter*; au moyen de quoi ,
lorfqu'il retombe dans quelque héréfie
que ce foit , il eft fans difficulté cenfé relaps. *Adnot. lib.* 2. *Schol.* 47.

On a fait cette difpofition, afin que dans
les cas de rechute, les coupables ne puffent
plus fe défendre en difant qu'ils ne font
pas tombés dans l'héréfie qu'ils avoient
précédemment abjurée, & ne préten-
diffent échapper par-là aux peines décernées contre les relaps. *Adnot. lib.* 3.
Schol. 55.

On prefcrit quelquefois enfemble,
l'abjuration & la purgation canonique.
C'eft ce qu'on fait , lorfqu'à la mauvaife réputation d'un homme en matiere de Doctrine , il fe joint des indices confidérables , qui , s'ils étoient
un peu plus forts, tendroient à le convaincre d'avoir effectivement dit ou fait
quelque chofe contre la foi. L'Accufé
qui eft dans ce cas , eft obligé d'abjurer
toute héréfie en général , & alors s'il
retombe dans quelque héréfie que ce
foit , même diftinguée de celles fur lefquelles il avoit été fufpect, il eft puni
comme relaps & livré au bras féculier.
Direct. 3. *part.* p. 3 24,

Mais n'y at-il pas de l'injustice à décerner en même-tems deux peines pour un seul & même crime, & à contraindre d'abjurer celui à qui on vient d'enjoindre aussi la Purgation canonique, par laquelle il semble s'être déja lavé du soupçon d'hérésie ? Campegius répond à cette difficulté, que la purgation est ordonnée pour l'infamie & l'abjuration pour le soupçon d'hérésie ; mais cette explication n'est pas recevable, parce que la purgation ayant déja détruit le soupçon, ce ne peut plus être pour le soupçon même qu'on exige l'abjuration. Panormitanus a mieux résolu la difficulté, en disant que la purgation est pour l'infamie, le scandale & le soupçon véhément, & que l'abjuration tombe sur la familiarité avec les hérétiques, & non pas sur les hérésies dont. l'Accusé s'est purgé canoniquement. *Adnot. lib.* 2. *Schol.* XI.

Ceci nous conduit aussi à rejetter, comme trop sévere, l'opinion de Cardinalis de Squillacensis, &c. qui prétendent qu'il faut d'abord mettre à la question un Accusé soupçonné violemment s'il n'avoue rien, lui ordonner la purgation canonique ; & s'il parvient à se purger canoniquement, l'obliger à faire abjuration. *Adn. l.* 2. *Sch.* XI.   **E v**

CHAPITRE X.

Des Amendes & de la Confiscation des biens.

OUTRE les Pénitences, l'Inquisiteur peut imposer des peines pécuniaires par la même raison qu'il peut enjoindre des pélerinages, des jeûnes, des prieres, &c. Ces amendes doivent être employées en œuvres pies, comme au foutien & à l'entretien du Saint-Office. Il est juste en effet que l'Inquisiteur fasse payer ses dépens à ceux qui sont traduits à son Tribunal, parce que, selon Saint Paul aux Corinth. I. Ch. IX. Personne n'est obligé de faire la guerre à ses dépens. *Nemo cogitur stipendiis suis militare.* Les Inquisiteurs peuvent aussi recevoir des présens, pourvû qu'ils ne soient pas trop considérables ; mais il faut que les Inquisiteurs ne montrent pas trop d'avidité, de peur de scandaliser les Laïcs.

Que si ils font des exactions, ils doivent sçavoir qu'ils sont excommuniés par le Chap. *Nolentes de Heret. in Clem. Direct. Part. III. p. 387.*

De toutes les œuvres pies , la plus utile étant l'établissement & le maintien de l'Inquisition , les amendes peuvent être sans difficulté appliquées à l'entretien des Inquisiteurs & de leur *familiers* ; & il ne faut pas croire que cette application ne doive se faire que dans le cas de nécessité , parce qu'il est très-utile & très-avantageux à la Foi Chrétienne , que les Inquisiteurs ayent beaucoup d'argent, afin de pouvoir entretenir & payer leurs familiers, pour la recherche & l'emprisonnement des Hérétiques , &c. & subvenir aux autres dépenses qu'il leur faut faire ; cet emploi des amendes est d'autant plus nécessaire , que selon Guido-Fulcodius , depuis Pape , sous le nom de Clément IV , *les mains des Prélats sont tenaces, & leurs bourses constipées. Quia Prelatorum tenaces sunt manus & marsupia constipata ;* c'est-à-dire qu'ils ne fournissent pas volontiers aux frais nécessaires pour la poursuite & la punition des Hérétiques. *Adnot. Lib. III. Schol. 147 & 148* (*a*).

En Italie , où les Inquisiteurs sont pauvres , ils sont entretenus aux dé-

______

(*a*) Ceci est relatif au premier état des Inquisiteurs , lorsqu'elles n'étoient pas encore séparées des Tribunaux des Evêques.

pens de la *chose publique*, ce qui a été réglé par Innocent I V. dans sa Bulle *Ad extirpanda*. Après tout, le Public paye bien des Bouchers, des Médecins & des Maîtres des Arts libéraux & méchaniques, pourquoi ne payeroit-il pas les Inquisiteurs qui supportent de plus grands travaux, & qui sont plus utiles ? Les Egyptiens nourrissoient bien les Prêtres de leurs Idoles, & le Peuple Chrétien ne nourriroit pas les Censeurs de la Foi, qui maintiennent parmi eux l'observation de la Loi de Dieu, & la pureté des Dogmes Catholiques ? *Adnot. Lib. III. Sch.* 168.

De la confiscation des biens.

La confiscation des biens est ordonnée contre les Hérétiques pénitens non relaps lorsqu'ils ne se convertissent qu'après la Sentence prononcée (car les Hérétiques pénitens avant la Sentence ne sont pas soumis à la même peine) contre les Hérétiques impénitens, contre les relaps, &c. & généralement contre tous ceux qui sont livrés au bras Séculier. *Direct. Pars III. passim.*

Si les Hérétiques pénitens avant la Sentence ne perdent pas leurs biens, ce n'est que par pure bonté qu'on les leur laisse aussi-bien que la vie, vû qu'ils ont mérité de perdre l'un & l'autre. En effet, les biens d'un Hérétique cessent de lui appartenir & sont confisqués par le seul fait. *Direct. Pars III. Quæst.* 109. *& Adnot. Lib. III. Sch.* 151.

La commisération pour les enfans du coupable qu'on réduit à la mendicité ne doit point adoucir cette sévérité, puisque par les Loix divines & humaines, les enfans sont punis pour les fautes de leurs peres. *Direct. Pars I. p.* 58.

Les enfans des Hérétiques, même lorsqu'ils sont Catholiques, ne sont pas exceptés de cette Loi, & on ne doit rien leur laisser, pas même la légitime qui paroît leur appartenir de droit naturel. Hostiensis a prétendu que cette disposition du Droit Canonique moderne n'étoit pas aussi équitable, que les Loix civiles anciennes qui admettoient les enfans Catholiques à la succession de leur pere, mais il se trompe. Il n'y a point-là d'injustice, parce que cela est nécessaire pour détourner les peres d'un crime aussi grand que l'hérésie, & c'est la commune opinion.

Les Inquisiteurs pourront cependant par grace pourvoir à la subsistance des enfans des Hérétiques ; on fera apprendre un métier aux garçons , & on mettra les filles au fervice de quelque femme de confidération de la même Ville ; & pour ceux que leur âge ou leur foible fanté mettroit hors d'état de gagner leur vie, on leur fera donner quelques petits fecours.

Que fi les enfans de quelque Prince étoient dans le cas dont nous parlons , & qu'il y eut des filles , il faudra leur donner une dot honnête. *Adnot. Lib. II. Sch. 6.*

Régulierement la dot de la femme d'unHérétique n'eft pas confifquée avec les biens de fon mari ; mais il y a deux reftrictions à faire à cette maxime. 1°. La dot eft fujette à confifcation lorfque la femme en fe mariant a fçu que fon époux étoit Hérétique. *Direct. Pars III. p. 390.* 2°. La dot qui n'eft pas fujette à confifcation n'eft pas celle qui eft exprimée par le contrat de mariage , mais feulement celle que la femme prouvera par des témoins & par la dépofition du Notaire lui avoir été réellement comptée „ comme le remarque très - bien Gabriel Quemada. Quant aux biens acquis pendant la communauté , quelques Auteurs prétendent

qu'ils doivent être confisqués entiere-
ment, mais il me paroît juste d'en rendre la moitié à la femme. *Adnot. Lib.*
III. Sch. 154.

La confiscation des biens doit se faire
par les Seigneurs temporels, & elle est
au profit du Fisc (après avoir prélevé
les dépenses faites par l'Inquisiteur pour
la recherche, la capture & la nourriture de l'accusé.) *Direct. Part. III. p. 390.*

Les biens des Hérétiques confisqués
furent d'abord appliqués au Fisc dans
les Terres des Princes Séculiers, & à
l'Eglise dans les Terres de l'Eglise. Dans
la suite on en fit trois portions, dont la
premiere fut appliquée à la Communauté [Civile] une autre aux Inquisiteurs, & la troisiéme mise en réserve
pour être employée encore à la poursuite & à l'extirpation des Hérétiques.
Cela fut réglé par Innocent IV. mais
lorsque les Inquisiteurs commencerent
à avoir des prisons particulieres & des
Officiers à leurs gages ; les biens confisqués furent attribués particulierement
ment aux seuls Inquisiteurs par Clé-

(*a*) La Note suivante de Pegua sur cet endroit fait voir que cette Jurisprudence a éprouvé
depuis quelque changement.

ment V. C'est ce qui s'observe aujour-
d'hui dans toute l'Espagne. *Schol. 152.*

Après la mort d'un hérétique on peut
encore déclarer ses biens sujets à confiscation & en priver ses héritiers quoique cette déclaration n'ait pas été faite
du vivant de l'hérétique. *Direct. part. 3,
p. 393.*

Quoique ce soit une regle générale
en droit civil que l'action contre le Criminel s'éteint par sa mort, cette loi
n'ayant pas lieu en matiere d'hérésie à
cause de l'énormité de ce crime, on
peut procéder contre un hérétique
après sa mort, & le déclarer tel à l'effet
de confisquer ses biens (*ad finem con-
fiscandi*) enlever ces biens à celui qui
les possede jusqu'à la troisieme main &
les appliquer au profit du Saint-Office.
Salycetus, Angelus & d'autres Jurisconsultes ont pensé que ce droit des
Inquisiteurs n'avoit plus lieu après le
terme de cinq ans expirés. Mais Roias,
Felynus, Gomès qui suivent en cela les
dispositions du droit canonique, sou-
tiennent avec raison que les enfans &
les héritiers des hérétiques ne jouissent
du bénéfice de la prescription pour pos-
séder les biens qu'ils en ont reçu qu'a-
près l'espace de quarante années, pour

vû cependant qu'ils les ayent poſſédé de bonne foi pendant ce temps-là, c'eſt-à-dire, pourvû qu'à la mort de leur pere ou parent & pendant le cours entier de ces quarante années ils ayent toujours cru que le défunt étoit bon catholique ; car s'ils avoient découvert pendant cet intervalle que le teſtateur étoit hérétique, ils ſont cenſés avoir été de ce moment poſſeſſeurs de mauvaiſe foi ; & alors même, après les quarante ans paſſés, les Inquiſiteurs peuvent s'emparer des biens de l'hérétique défunt. *Adnot. lib.* 3, *ſch.* 115.

Lorſqu'on fait le Procès à la mémoire d'un hérétique mort pour ôter à ſes héritiers les biens dont ils ſe ſont mis en poſſeſſion, on entend des témoins comme dans la procédure à l'ordinaire, & on cite pour défendre le défunt ceux qui ſont intéreſſés à ce que ſa mémoire ne ſoit pas condamnée ; lorſqu'il ne paroît aucun défenſeur, c'eſt à l'Inquiſiteur à en nommer un qui ſervira d'Avocat au mort, le Procureur Fiſcal dudit Office formant de ſon côté ſon accuſation.

On doit terminer en bref les cauſes de cette nature, & ne pas tenir les héritiers en ſuſpens à cauſe du défaut de

preuves contre l'Accufé, à moins qu'il
ne foit vraifemblable qu'on aura bientôt de nouveaux indices. Mais cela
n'empêchera pas que l'Accufé ayant été
abfous on ne puiffe reprendre le Procès
de nouveau fi de nouveaux témoins
viennent dépofer, parce qu'en faveur
de la foi dans les caufes d'héréfie, une
Sentence d'abfolution ne doit jamais
être regardée comme un dernier Jugement. *Adnot. lib. 3, fchol. 161.*

Lorfque des hérétiques excommuniés & contumax & privés de leurs
biens en punition de leur contumace
fe repréfentent aux Inquifiteurs, on
peut les recevoir à pénitence, mais on
ne leur rendra pas leurs biens confifqués .*Adnot. lib. 3, fch. 69 & 64.*

Nous terminerons ce que nous avons
à dire fur la confifcation des biens des
hérétiques, en propofant une grande
difficulté fur cette matiere, à fçavoir
fi un hérétique qui n'eft encore ni
condamné ni même dénoncé eft obligé
dans le for de la confcience d'offrir
tous fes biens au fifc ou aux Inquifiteurs ; & s'il eft en état de péché
mortel, tant qu'il ne les reftitue pas,
Panormitanus, Felynus, Magnerius,
Tiraquellus, Alfonfus Caftrus, &c.

décident que l'hérétique caché eſt obligé à faire cette reſtitution ; mais d'autres Docteurs très-graves le déchargent de cette obligation comme Corradus, Clavaſius, Sylveſter, Gomès, Simancas, Vaſquès, Gabriel, &c. En effet, dire qu'un hérétique caché eſt obligé de porter ſes biens aux Inquiſiteurs, c'eſt lui impoſer l'obligation de ſe dénoncer lui-même. Or, cela eſt bien dur, & toutes les raiſons qu'Alphonſus Caſtrus apporte au contraire ſont très-bien réfutées par le R. P. Simanias *Cath. inſtit. tit.* 9. Nous y renvoyons nos lecteurs.

La queſtion eſt un peu plus embarraſſante relativement à un hérétique non plus caché comme nous venons de le ſuppoſer, mais qui a nié ſon crime en Jugement, & qui par le défaut de preuve a été renvoyé libre & abſous. On peut douter ſi un tel homme n'eſt pas tenu devant Dieu de donner ſes biens à Meſſieurs les Inquiſiteurs. Il faut conſulter ſur cette matiere *Soto, lib.* 1, *de Juſtit. & Jure. Adnot. lib.* 3, *ſchol.* 131.

CHAPITRE XI.

De la privation de tout Emploi, Office, Bénéfice, Dignité, Pouvoir, Autorité, prononcée contre les Hérétiques, leurs Enfans, &c.

LEs Hérétiques, &c. font privés par le feul droit, & fans qu'il foit befoin d'une nouvelle Sentence, de tout Office, Bénéfice, Pouvoirs, Dignités, &c. La Sentence déclaratoire eft néceffaire pour les fauteurs des Hérétiques. *Direct. Part. 3. Quæft. 113. Adnot. Lib. 3. Schol. 155.*

Les enfans des Hérétiques deviennent inhabiles à poffèder & à acquerir toute efpèce d'Office & de Bénéfice ; ce qui eft très-jufte, tant parce qu'ils font tachés de l'infâmie de leur pere, que parce qu'il faut que les parens foient détournés du crime par l'amour même qu'ils portent à leurs enfans. Quelques Auteurs prétendent que cette peine ne regarde que les enfans nés depuis que le pere eft tombé dans l'héréfie ; mais cette diftinction n'eft établie fur aucun fondement folide, & on peut la combattre par cette raifon décifive, que cette punition ayant été imaginée pour contenir les peres par l'amour même qu'ils portent à leurs enfans, elle doit tomber fur tous, puifqu'ils aiment ceux qui font nés avant leur crime, autant que ceux qui ne font nés qu'après.

C'eft une queftion difficile que celle-ci ; l'incapacité de poffeder des Offices ou Bénéfices doit-elle s'étendre aux Offices ou Bénéfices que les enfans des Hérétiques poffédoient avant le crime du pere, ou ne regarde-t-elle que ceux qu'ils peuvent acquérir dans la fuite ? quoique le premier fentiment foit embraffé par le plus grand nombre des Canoniftes, & que moi-même je l'aye adopté dans mon Livre *de pœnis Hereticorum*, je crois devoir m'en tenir à la feconde opinion, l'autre me paroiffant trop févere. *Adnot. Lib. 3. Schol. 136.*

Cette incapacité de poffeder & d'acquérir toute fortes d'Office & Bénéfice, s'étend jufqu'à la feconde génération du côté du pere ; mais elle ne paffe pas la premiere du côté de la mere : ainfi fi le pere eft Hérétique, fon fils & fa fille, & les enfans de fon fils & de fa fille deviennent inhabiles à poffeder tout office & bénéfice ; mais fi la mere tombe dans l'héréfie , la peine ne s'étend que fur le fils & la fille au premier degré.

On demande à ce fujet , fi les enfans des Relaps convertis qu'on livre à la Juftice Séculiere , font compris fous cette même Loi ; pour moi je penfe qu'on ne doit pas les en excepter : car quoique ces Relaps fe repentent , on ne peut pas dire qu'ils foient réincorporés à l'Eglife ; ils ne font point de pénitence ; ils ne montrent point d'amandement (*a*). On doit dire la même chofe des enfans des Hérétiques qui font en fuite & coutumax. *Adnot. Lib.* 3. *Schol.* 157.

A la privation de tout emploi, office , bénéfice & dignité , il faut ajouter celle de toute efpéce d'autorité.

Dès l'inftant qu'un homme fe rend coupable d'héréfie , il perd l'autorité civile qu'il a fur fes domeftiques ; l'autorité politique qu'il a fur fes fujets, & l'autorité ou droit qu'il a fur fes biens ; le droit qu'il a fur ceux qui fe font obligés envers lui par quelque ferment que

______

(*a*) L'Auteur veut dire qu'on n'eft pas fûr de la folidité de leur converfion ; mais on ne leur donne pas le tems de la montrer.

ce foit ; & enfin même, l'autorité paternelle.

Ce n'eft pas une petite peine que la
privation de l'autorité paternelle , car
elle produit des effets finguliers qu'il
ne fera pas inutile de confidérer. Les
enfans deviennent dès-lors étrangers à
leurs parents , & ne font plus tenus de
leur obéir ; ils deviennent dès-lors *fui
juris ;* l'émancipation, les fubftitutions,
&c. les teftamens , &c. & les autres
actes d'autorité paternelle, ne font plus
d'aucune force, &c. Toutes ces peines
ont été établies en haine de l'héréfie ,
& font particulieres à ce crime.

De-là fuivent plufieurs conféquen-
ces, dont quelques-unes méritent d'être
rapportées. Par exemple , celui qui a
reçu un dépôt d'un Hérétique , n'eft
point tenu de le lui reftituer. Une femme Catholique n'eft point obligée de
rendre le devoir à fon mari devenu hérétique.

Un Commandant de Place n'eft point
obligé de rendre ni de conferver fa
Place au Prince qui la lui avoit confiée,
&c.

Il faut cependant remarquer que cette
diffolution de toute obligation contrac-
tée avec des Hérétiques , n'a lieu que

lorſque l'héréſie eſt *manifeſte* ; mais l'héréſie eſt manifeſte, toutes les fois qu'on peut la prouver ; car un crime qu'on peut prouver, n'eſt pas caché, mais manifeſte.

Ainſi, par exemple, un pere perd par l'héréſie ſon autorité ſur ſes enfans, même avant que le crime ait été déclaré par la Sentence du Juge Eccléſiaſtique. *Adnot. Lib. 3. Schol. 158. & 159.*

CHAPITRE XII.

De la prison perpétuelle.

LA peine de la prison perpétuelle est particulierement décernée contre l'hérétique pénitent non relaps. *Direct. & Adnot. passim.*

On annoncera d'abord au peuple qu'un tel jour, à telle heure, dans une telle Eglise, on fera faire abjuration à un hérétique pénitent, & qu'on lui prononcera sa sentence, qu'on fera un sermon sur la foi, & que les assistans y gagneront des indulgences.

Avant le jour de l'abjuration, on disposera toute chose, c'est-à-dire, la formule de l'abjuration & de la sentence, un endroit élevé où l'on placera le coupable, de maniere qu'il puisse être vû de tout le monde ; on fera faire les habits de pénitence, c'est-à-dire une espece de scapulaire de Moine, de couleur obscure, avec des croix devant & derriere, de toile ou de drap jaune.

Au jour marqué, le coupable sera placé sur l'estrade dès le commencement

F

de la Meffe. Après l'Evangile, l'Inquifiteur (ou quelqu'un à fa place) fera
fermon contre l'héréfie, & fur-tout
contre celle dans laquelle le coupable
eft tombé. Le fermon fini, il tiendra
au peuple ce difcours ou un femblable :
» mes freres, celui que vous voyez là,
» eft tombé dans l'héréfie contre laquelle
» je viens de vous prêcher, comme vous
» le verrez par la lecture qu'on va faire : »
alors un Religieux ou un Clerc lira à
haute voix la lifte des erreurs qu'a foutenu l'hérétique pénitent.

La lecture finie, l'Inquifiteur demandera au coupable : » convenez-vous
» que vous êtes tombé dans les erreurs
» dont on vient de faire mention », l'accufé répondant qu'il en convient, l'Inquifiteur continuera : » voulez-vous en-
» core perfévérer dans vos erreurs ou les
» abjurer. Alors l'Accufé répondant qu'il
veut les abjurer, on lui fera faire une
abjuration générale de toute héréfie,
& une particuliere des héréfies dont il
aura été convaincu. Une promeffe de dé-
férer tous les hérétiques qu'il connoî-
tra aux Inquifiteurs, de ne refufer
aucune des pénitences qu'on lui impo-
fera,& de les accomplir avec exactitude.

De ne jamais s'abfenter fans la permiſſion des Inquiſiteurs (ceci n'a lieu que dans le cas où on ſe relâche de la peine de la priſon perpétuelle, comme il arrive quelquefois en donnant à un Hérétique pénitent la Ville pour priſon) & de ſe repréſenter toutes les fois qu'il en ſera requis. Il ſe ſoumet encore, encas qu'il manque, aux promeſſes qu'il vient de faire à toutes les peines décernées contre les relaps.

Le Greffier aura grand ſoin d'inſérer dans ſon Procès-verbal que l'Hérétique a abjuré comme convaincu d'héréſie par ſa propre confeſſion, afin que s'il retombe, il ſoit puni comme les relaps méritent de l'être.

L'Inquiſiteur parlera enſuite à l'Abjurant en ces termes. » Mon cher fils , » vous avez fait ſagement d'abjurer vos » erreurs , parce que vous avez évité » l'enfer, & que, Dieu aidant, vous ſerez reçu, ſi vous le voulez, au Paradis ; » mais je vous avertis d'être déſormais » très-circonſpect dans vos actions, dans » vos paroles & dans le choix de votre » ſociété ; car ſi dans la ſuite vous vous » rendiez coupable de quelque héréſie , » ou ſi vous favoriſiez les Hérétiques, » vous ſeriez livré ſans miſéricorde à la » Juſtice ſéculiere, pour être puni du der-

» nier fupplice, c'eft pourquoi je vous
» confeille de prendre garde à vous.

L'Inquifiteur abfoudra enfuite le coupable de l'excommunication qu'il avoit
encourue, & il ajoutera :

» Mon fils , l'Eglife de Dieu vous a
» reçu avec miféricorde , & vous voilà
» mis au nombre de fes enfans ; mais afin
» que vous foyez déformais plus circonf-
» peçt, que Dieu vous pardonne, & que
» vous ferviez d'exemple aux autres ,
» nousallons vous impofer une péniten-
» ce, non pas auffi grande que vous l'avez
» méritée , mais proportionnée à votre
» foibleffe. Et ne vous effrayez point fi
» elle vous paroît dure; parce que fi vous
» montrez de bonnes difpofitions , vous
» trouverez en nous de l'indulgence.

Formule de Sentence contre l'Hérétique
Pénitent.

Nous , Frere N. de l'Ordre des Pref-
cheurs , Inquifiteur de la Foi, délégué
par le Saint Siége.

» Confidérant que vous , N. natif d'un
» tel endroit , dans un tel Diocèfe ,
» avez été déféré à notre Tribunal ,
» par le bruit public & l'infinuation des
» gens dignes de foi, comme coupable

» d'héréfie, & que vous êtes demeuré
» dans vos erreurs pendant plufieurs
» années, au grand détriment de votre
» ame : cet avis a porté la douleur dans
» notre cœur. Nous avons donc voulu
» fçavoir fi vous marchiez dans les té-
» nebres ou dans la lumiere ; & après
» l'examen le plus attentif, nous avons
» découvert que pendant tant d'années
» vous avez cru de cœur, & fouvent
» foutenu de bouche telle & telle héré-
» fie , comme , *que la Vierge après*
» *avoir donné naiffance à Jefus-Chrift , a*
» *eu encore d'autres enfans de S. Jofeph ,*
» &c. Or, comme Dieu permet quel-
» quefois les héréfies, pour que les Ca-
» tholiques & les Sçavans s'exercent
» dans l'étude des Saintes Ecritures, &
» que ceux qui tombent deviennent plus
» humbles , & s'exercent dans les œu-
» vres de pénitence, nous fçavons que
» touché de nos exhortations, vous
» avez abjuré, & que vous abjurez &
» déteftez vos erreurs ; nous levons
» donc la Sentence d'excommunication
» majeure que vous aviez encourue ,
» & nous vous réconcilions à l'Eglife,
» parce que nous fuppofons que votre
» converfion eft fincère ; Mais il feroit
» horrible, que les injures faites au

» Maître du Ciel & de la terre, ne fuf-
» fent pas vangées, tandis qu'on punit
» celles qu'on fait à la majefté des Rois ;
» afin donc que Dieu ait pitié de vous,
» que vous ferviez d'exemple aux au-
» tres, & que vous foyez déformais plus
» circonfpect, voici la Sentence que
» nous prononçons contre vous, en
» vous laiffant, par grace, la vie que
» vous aviez mérité de perdre.

» 1°. Vous allez être revêtu d'un ha-
» bit brun, fait comme un fcapulaire de
» Moine fans capuchon, avec des croix
» jaunes devant & derriere, longues de
» deux palmes, & larges d'une demie-
» palme. Vous porterez cet habit & ces
» croix fur vos autres habits pendant
» toute votre vie ; & lorfque l'habit &
» les croix feront ufés, vous ne man-
» querez pas d'en faire faire un autre,
» parce que les croix font le fymbole
» de la pénitence ; & loin de les avoir
» en horreur, vous devez les aimer,
» parce que Notre Seigneur Jefus a
» porté humblement la croix fur fes
» épaules.

» 2°. Dès que vous ferez revêtu de
» cet habit, & tout à l'heure, vous fe-
» rez placé dans un endroit élevé à la
» porte d'une telle Eglife, où vous de-

» meurerez jusqu'à l'heure du dîner, &
» depuis le premier coup de Vêpres jus-
» qu'au coucher du Soleil, exposé aux
» regards des allans & des venans.

» 3°. Vous serez ainsi placé à la porte
» de telle ou telle Eglise, (celles où il
» va le plus de monde,) à telles & telles
» Fêtes de l'année.

» 4°. Nous vous condamnons à la pri-
» son perpétuelle & à la nourriture au
» pain & à l'eau, nous réservant ce-
» pendant d'adoucir cette pénitence,
» de l'aggraver ou de la commuer, se-
» lon notre bon plaisir.

Après la Sentence, l'Inquisiteur dira
en particulier à l'hérétique, » mon cher
» fils, supportez votre Sentence avec ré-
» signation, ne tombez pas dans le déses-
» poir, parce que je vous assûre, que si
» vous montrez de la patience, vous
» éprouverez notre miséricorde ».

La Sentence lue, & pendant qu'on
habillera le coupable, l'Inquisiteur accordera quarante jours d'Indulgence à
à tous les assistans, trois ans à ceux qui
ont contribué à la capture, l'abjuration,
la condamnation, &c. de l'Hérétique,
& enfin trois ans aussi de la part de notre Saint Pere le Pape, à tous ceux qui
dénonceront quelqu'autre Hérétique.

L'Inquifiteur, comme on l'a vu , fe réferve dans la Sentence , le pouvoir d'adoucir & de commuer la pénitence, & il doit ufer de ce droit felon que le coupable montrera plus ou moins d'amendement, de patience & d'humilité ; c'eft ce qu'on pourra faire envers les Hérétiques qui ont abjuré leur héréfie fans beaucoup de difficulté , & aux premiers avertiffemens des Inquifiteurs. On peut fe relâcher envers eux fur la nourriture au pain & à l'eau , fur la prifon perpétuelle, en leur donnant, par exemple, la Ville pour prifon ; mais il ne faut jamais ufer d'indulgence fur l'article des croix , parce qu'elles font une pénitence falutaire pour ceux qui les portent , & pour les autres un grand fujet d'édification.

Si l'Inquifiteur , après s'être relâché en faveur d'un Hérétique pénitent fur l'article de la prifon perpétuelle, pouvoit craindre qu'il en réfultât quelque inconvénient pour les intérêts de la Religion , il pourra remettre de nouveau l'Hérétique en prifon , & l'y tenir enfermé pour toujours , quand même le motif de cette rigueur ne lui feroit point fourni par aucune nouvelle faute du coupable. On fent bien qu'il n'y au-

roit à cela aucune injustice, les intérêts
de la Foi & la cause de Dieu étant pré-
férables à toutes les autres considéra-
tions. *Adnot. lib. 3. Sch. 62.*

Quant aux Hérétiques qui ont mon-
tré beaucoup d'obstination, comme
leur abjuration & leur conversion sont
assez ordinairement simulées, il faut
les garder en prison, & ne leur laisser
aucune communication avec les personnes foibles dans la Foi, qu'ils pourroient infecter, & sur-tout avec les
femmes, qui se laissent séduire plus facilement.

C'est dans cet esprit que le Concile
de Narbonne dit élégament *eleganter
docet*, qu'il faut enfermer entre quatre
murailles les Hérétiques qui ont attendu que le temps de grace * fût écoulé,
pour venir confesser leur crime. Ce
même Concile, dans les Instructions
qu'il donne à certains Inquisiteurs, ajoute : *Cependant, comme nous avons entendu dire que vous avez tant d'Hérétiques
de cette espece, qu'il vous seroit difficile de*

(*a*) Le tems de grace étoit un tems que les
Inquisiteurs alors ambulans & arrivans dans un
endroit, accordoient aux Hérétiques, avant de
procéder contr'eux selon toute la rigueur des
Loix.

F v

trouver non-seulement l'argent, mais les pierres & le mortier néceſſaires pour conſtruire un nombre ſuffiſant de cachots, il faudra différer de bâtir vos priſons, juſqu'à ce que vous ayez conſulté le Souverain Pontife ſur cela. Adnot. lib. 3. Schol. XII.

Quoique généralement parlant, l'hérétique pénitent doive être condamné à la priſon perpétuelle, il y a cependant quelques exceptions à cette regle, & on ſe relâche de cette rigueur, 1°. envers ceux qui reviennent à l'Egliſe avant d'être accuſés ou dénoncés, 2°. envers ceux qui tout de ſuite après avoir été pris, confeſſent leur crime, & font connoître d'autres hérétiques leurs complices ; 3°. ceux qui même quelque tems après avoir été ſaiſis, mais avant qu'on leur objecte les dépoſitions des témoins, abandonnent leurs erreurs; cependant dans ces deux derniers cas, il ſera mieux & plus conforme au droit commun, de condamner l'hérétique à la priſon perpétuelle, & de lui faire grace enſuite. C'eſt la Coutume de l'Inquiſition de Rome. *Adnot. lib. 3. Schol. 142.*

Voici quelques obſervations utiles relativement aux priſons.

1°. Il y a une différence remarquable entre le Droit Civil & le Droit Canonique quant aux prisons. Selon le Droit Civil, les prisons ne sont destinées qu'à tenir sûrement ceux qu'on doit juger, elles sont *ad custodiam.* Dans le Droit Canonique, la prison est souvent une peine *ad pœnam.* Adnot. lib. 3. Schol. 116.

Cependant il faut prendre garde que les cachots ne soient trop affreux & trop mal sains, parce que si les prisonniers venoient à y mourir, les Inquisiteurs deviendroient irréguliers. C'est la raison que donnent Zabarella, Locatus & d'autres célébres Docteurs. *Adnot. lib. 3. Schol.* 116.

Au reste, il faut sçavoir que les Inquisiteurs & leurs Vicaires peuvent s'absoudre les uns les autres de l'irrégularité dans laquelle ils pourroient tomber sans y prendre garde. Ce droit leur a été accordé par Urbain IV. *Direct. part.* 9. pag. 358.

2°. L'obscurité & la dureté des cachots doivent être proportionnées à la grandeur des crimes, & à la qualité des personnes. 3°. Il ne faut point mettre les hommes & les femmes ensemble. 4°. On peut mettre un mari & sa femme dans le même cachot, lorsiqu'ils font condamnés enfemble ; mais fi l'un des deux eft innocent, la femme par exemple, on doit lui donner un libre accès auprès de fon mari. 5°. Il ne faut point mettre deux prifonniers dans le même cachot, à moins que l'Inquifiteur n'ait pour cela des raifons particulieres, parce que l'infortune commune forme bientôt entre deux coupables une liaifon étroite, & qu'ils étudient de concert les moyens de s'enfuïr, de cacher la vérité, &c. 6°. Les Inquifiteurs doivent vifiter de tems en tems les prifonniers, & leur demander fi on leur donne les chofes néceffaires, & s'ils font bien ou mal. Il eft même à propos que ces vifites foient fréquentes, lorfque le prifonnier fouffre impatiemment fa captivité ; car fi la vue d'un Juge eft terrible, un mot d'humanité & de compaffion de fa part, eft quelquefois une grande confolation.

Enfin il y a beaucoup d'autres pratiques utiles & fages, pour lefquelles nous renvoyons à l'ufage qui inftruira mieux que vos leçons, d'autant plus qu'il y a en ce genre certaines chofes qu'il eft important de ne point divulguer, & qui font affez connues des Inquifiteurs. *Decret. lib. 3. Schol. 117.*

CHAPITRE XIII.

De l'abandonnement des condamnés par l'inquisition à la Justice Séculiere.

ON abandonne (*a*) à la Justice Séculiere 1°. les relaps pénitens ; 2°. les hérétiques impénitens non relaps; 3°. les hérétiques impénitens & relaps ; 4°. les hérétiques négatifs, c'est-à-dire, ceux qui convaincus par des preuves suffisantes, s'obstinent à nier leur crime. 5°. les hérétiques contumax lorsqu'on peut les saisir , ce qu'on exécute sur leur effigie , lorsqu'on ne peut pas s'emparer de leur personne.

Des relaps pénitens. On appelle relaps proprement celui qui soutient de nouveau telle ou telle opinion hérétique, dont il avoit été convaincu, & qu'il

(*a*) L'abandonnement à la Justice séculiere est la derniere peine que prononce l'Inquisition : c'est l'autorité séculiere qui décerne la peine de mort. Il est vrai que les Magistrats sont excommuniés & traités comme hérétiques , s'ils ne mettent pas tout de suite à mort les coupables qui leur sont livrés ; mais les Inquisiteurs prétendent toujours qu'ils n'ont aucune parr à la mort de l'Hérétique , parce que les Loix qui les condamnent à perdre la vie, sont l'ouvrage de la Justice séculiere.

avoit abjurée ; mais outre les relaps proprement dits , il y a plufieurs autres cas où le criminel eft cenfé relaps & puni comme tel , & c'eft , 1°. lorfque fans avoir été véritablement convaincu la premiere fois , il retombe dans telle héréfie qu'il avoit abjurée comme *véhémentement* ou *violemment* foupçonné. 2°. Lorfqu'après avoir été véhemente-ment ou violemment foupçonné d'une telle héréfie,& avoir abjuré l'héréfie en général,il retombe dans quelque héré-fie que ce foit, même diftinguée de celle dont il avoit été foupçonné. 3°. Lorf-qu'après avoir été véritablement con-vaincu d'avoir foutenu telle héréfie , & avoir abjuré d'après cette conviction , il communique avec des hérétiques. 4°. Lorfqu'après avoir abjuré feule-ment comme fufpect, il eft furvenu de nouvelles preuves contre lui , qui ont conftaté fon premier crime & qu'il com-munique avec des hérétiques ; parce que ces nouvelles preuves , quoiqu'ac-quifes depuis fon abjuration , font con-noître que dès la premiere fois, cet homme étoit véritablement coupable d'héréfie , & qu'on l'a jugé trop favora-blement , en ne le faifant abjurer que comme fufpect.

On voit que dans tous les cas où l'hérétique est censé relaps, on suppose toujours une hérésie particuliere & une abjuration précédente ; de plus, cette abjuration doit avoir été ordonnée, ou en vertu du soupçon véhément, ou en vertu du soupçon violent. Ancharanus & Matheus *de afflictis*, ont prétendu que l'abjuration précédente, ordonnée en vertu du soupçon léger, *de levi*, suffisoit pour faire regarder un hérétique comme relaps, lorsqu'après cette abjuration on découvre qu'il avoit effectivement soutenu l'hérésie, dont il étoit légerement soupçonné, & qu'il est retombé dans cette hérésie ; mais cette opinion est trop rigoureuse, en ce qu'elle ne met point de différence entre la rechute après l'abjuration *de levi*, & la rechute après l'abjuration, de celui qui est véhémentement ou violemment soupçonné. *Direct. part. 3. quæst. 58. Adnot. lib. 2. Schol. 64*

La purgation canonique précédente, entraîne les mêmes suites que l'abjuration ; c'est-à-dire, que lorsque l'Accusé s'est purgé d'une telle hérésie en particulier, s'il tombe dans cette même hérésie, il est censé relaps & puni comme tel. Ainsi, si un homme a été soupçonné de penser *qu'on doit tolérer les hérétiques*, & que sur ce soupçon on l'ait obligé de se purger canoniquement, s'il vient à soutenir la même erreur, il sera censé relaps ; mais lorsqu'on a ordonné la purgation canonique que d'après le soupçon d'hérésie en général, si l'Accusé tombe dans quelque hérésie en particulier, il est à la vérité puni très-séverement, mais il n'est pas abandonné, au moins pour la premiere fois, à la Justice Séculiere. Je dis *au moins pour la premiere fois*, car si ces rechutes étoient fréquentes, alors je crois qu'il faudroit le traiter comme relaps. *Adnot. lib. 3. Schol.* 52.

Les relaps donc, lorsque la rechute est bien constatée, doivent être livrés à la Justice séculiere, quelque protestation qu'ils fassent pour l'avenir, & quelque repentir qu'ils témoignent *sine audientiá quácumque.* Direct. part. 2. quæst. 40. part. 3. p. 331.

En effet, c'est assez que de pareilles gens ayent trompé une seule fois l'Eglise par une fausse conversion. *Adnot. lib. 2. Schol.* 64.

On doit d'abord envoyer au coupable des gens de bien qui l'entretiendront du mépris du monde, des miseres de cette vie, de la gloire & des joies du Paradis. Après ce préambule, ils lui feront entendre qu'il ne lui est pas possible d'éviter la mort temporelle, & qu'il faut qu'il mette ordre aux affaires de sa conscience, &c. On lui accordera les Sacremens de Pénitence & d'Eucharistie s'il les demande avec humilité. L'Inquisiteur ne paroîtra pas devant lui, parce que sa présence pourroit le mettre en fureur & le détourner des sentimens de patience & de pénitence qu'on doit lui inspirer.

Après avoir ainsi employé quelques jours à disposer le coupable à la mort, l'Inquisiteur fera avertir la Justice Seculier, qu'un tel jour, à telle heure & dans tel lieu, on lui livrera un hérétique, & on fera annoncer au peuple qu'il ait à se trouver à la cérémonie, parce que l'Inquisiteur fera un sermon sur la foi, & que les assistans y gagneront les indulgences accoutumées. *Direct. part. 3. p.* 331,

La Sentence contre l'Hérétique pénitent & relaps se prononcera dans la forme suivante : Nous, Frere N. de l'Or-
» dre des Prêcheurs, Inquisiteur contre
» les Hérétiques délégué par le Saint
» Siége, nous sommes bien & duement

» informés que vous, N. natif d'un tel en-
» droit, dans un tel Diocèse, & accusé de
» telle & telle héréfie, aviez été convain-
» cu de les avoir effectivement foutenues;
» & que devenu plus fage, vous les aviez
» abjurées. On nous avoit rapporté
» depuis que vous étiez retombé dans
» ces mêmes erreurs : nous avons exa-
» miné la chofe avec foin, & nous avons
» reconnu que vous êtes en effet relaps.
» Comme vous revenez au giron de l'E-
» glife, & que vous abjurez votre héréfie,
» nous vous accordons les Sacremens
» de la Pénitence & de l'Euchariftie que
» vous demandez avec humilité, mais
» l'Eglife de Dieu ne peut plus rien faire
» de vous, après que vous avez abufé
» déjà de fes bontés...... A ces caufes,
» nous vous déclarons relaps, nous
» vous rejettons du for de l'Eglife ; &
» nous vous livrons à la Juftice fécu-
» lière, en la priant néanmoins, & cela
» efficacement, de modérer fa Senten-
» ce, enforte que tout fe paffe envers
» vous fans effufion de fang, & fans
» danger de mort. « *Direct. part.* 3. pag.
332 & 333.

Cette priere que l'Inquifiteur fait à la
Juftice féculiere, que tout fe paffe fans
effufion de fang, doit être foigneufe-

ment mise en usage, afin que les Inquisiteurs ne tombent pas dans l'irrégularité. Covarruvias indique une autre précaution utile pour cela. Il dit qu'au lieu
de livrer *tradere*, les Hérétiques au bras
séculier, il seroit plus sûr de les condamner en présence du Juge laïc, de les
chasser du for de l'Eglise, *damnatos à pro-
pria Jurisdictione dimittere*, afin que sur
le champ, *ut denique statim*, le Juge Séculier les reçoive & les punisse du dernier supplice, *judex secularis eos recipiat
& ultimo supplicio afficiat*. C'est effectivement ce qui s'observe dans la pratique.

Quant à l'intercession de l'Inquisiteur
auprès du Juge séculier, en lui livrant
l'Hérétique, quoique, comme on vient
de le voir, elle ne soit que de forme, on
peut demander si l'Inquisiteur peut la
faire en sûreté de conscience, vu qu'il
est défendu par plusieurs Loix d'intercé-
der en faveur des Hérétiques ; mais
nous répondons : qu'à la vérité il ne seroit pas permis d'employer pour un Hérétique une intercession qui seroit de
quelqu'avantage pour lui, ou qui ten-
droit à empêcher la justice qu'on doit
tirer de son crime ; mais bien celle dont
le but est de soustraire l'Inquisiteur à l'ir-

régularité qu'il encoureroit. *Adnot. liv.* 2. *Schol.* XVII.

Selon quelques Auteurs, il ne faut pas lire les Sentences des condamnés dans l'Eglife, parce qu'elles conduifent à la mort. Mais l'illuftre & le fçavant Docteur Martin d'Afpilcueta, dans fon Manuel, foutient l'opinion contraire par d'affez bonnes raifons ; cependant il faut convenir qu'une grande place, où l'on peut dreffer des échaffauts ou eftrades très-élevées, & où un grand Peuple peut fe raffembler, eft encore plus convenable que les Eglifes mêmes qui font rarement affez grandes & affez commodes. C'eft pour cela qu'en Efpagne on fait toujours ces cérémonies hors de l'Eglife. *Adnot. lib* 3. *Sch.* 63.

Lorfque le Coupable aura été livré à la Juftice féculiere, celle-ci prononcera fa Sentence, & le Criminel fera conduit au lieu du fupplice : des perfonnes pieufes l'accompagneront, l'affocieront à leurs prieres, prieront avec lui, & ne le quitteront point qu'il n'ait rendu fon ame à fon Créateur. Mais elles doivent bien prendre garde de rien dire ou de rien faire qui puiffe hâter le moment de fa mort, de peur de tomber dans l'irrégularité. Ainfi, on ne doit point exhorſer le criminel à monter ſur l'échaffaut, ni à ſe préſenter au bourreau, ni avertir celui - ci de diſpoſer les inſtrumens du ſupplice, de manière que la mort s'en-ſuive plus promptement, & que le Pa-tient ne languiſſe point, toujours à cauſe de l'irrégularité. *Direct. part.* 3. p. 332, 333. *Adnot. lib.* 3, *Sch.* 63.

Quelques Juriſconſultes ont prétendu que les Magiſtrats laïcs, après avoir re-çu les Hérétiques qui leur ſont aban-donnés par l'Inquiſition, peuvent ſe diſ-penſer de porter contre eux la Sentence de mort. Mais leur opinion eſt combat-tue par tous les Canoniſtes, appuyée d'ailleurs ſur les Conſtitutions des Sou-verains Pontifes. Boniface VIII, Ur-bain IV & Alexandre IV. Si donc les Magiſtrats différoient trop long - tems l'exécution des Criminels, il faudroit les regarder comme fauteurs des Héréti-ques, & pourſuivre comme tels ceux qui ſe rendroient coupables d'un auſſi grand crime.

Nous diſons, s'ils différoient trop long-tems; car il y a des Pays où l'uſage établi eſt de différer l'exécution de quel-ques jours, comme en Italie. On y con-duit les Criminels dans les priſons après la Sentence du Saint Office, après quoi on les en tire un jour ouvrier pour les brûler. Le Pape Innocent IV, dans sa Bulle *Ad extirpanda*, accorde jusqu'à cinq jours de délai, par où l'on voit que les Magiftrats qui différent feulement l'exécution pendant quelques jours, ne doivent pas être regardés comme fauteurs d'héréfie.

En Efpagne l'ufage eft que la Juftice féculiere, auffi-tôt après que la Sentence des Inquifiteurs eft portée, prononce elle-même la fienne, & conduit les coupables droit au lieu du Supplice. *Adnot. lib. 3. Sch. 99.*

Dans quelques Inquifitions du monde Chrétien on ne livre point les Hérétiques à la Juftice féculiere les jours de Fête. Je ne prétends pas blâmer les coutumes louables en ufage dans les différens Tribunaux du Saint Office; cela eft affez indifférent, pourvu que l'Hérétique foit puni du fupplice qu'il a mérité : mais je prendrai la liberté de dire que j'approuve beaucoup qu'on faffe cette cérémonie les jours de fêtes, parce que, comme le dit très-bien Joannes Andréas, il eft utile qu'une grande multitude foit préfente au fupplice & aux tourmens des Coupables, afin que la crainte les détourne du mal. C'eft fans doute cette raifon qui a déterminé les Tribunaux d'Efpagne à choifir les jours de Fête pour les actes de Foi. La préfence des Chapitres, des Eglifes & des Magiftrats y rend la cérémonie très-éclatante. C'eft un fpectacle qui remplit les affiftans de terreur, & une image effrayante du Jugement dernier. Or cette crainte eft le fentiment qu'il convient le mieux d'infpirer, & on en retire les plus grands avantages. *Adnot. lib. 3, Schol. 63.*

Perfonne ne doute qu'il ne faille faire mourir les hérétiques, mais on peut demander quel genre de fupplice il convient d'employer. Alfonfus Caftrus, *lib. 2, de juftâ hæreticor. punitione,* penfe qu'il eft affez indifférent de les faire périr par l'épée, ou par le feu, ou par quelqu'autre fupplice; mais Hoftienfis, Godofredus, Covarruvias, Simancas, Roïas, &c. foutiennent qu'il faut abfolument les brûler. En effet, comme le dit très-bien Hoftienfis, le fupplice du feu eft la peine due à l'héréfie. On lit dans Saint Jean, chap. 15 : *Si quis in me non manferit mittetur foras ficut palmes & arefcet, & colligent eum & in ignem mittent & ardet..* » Celui qui ne demeure » pas en moi fera jetté dehors comme » un farment, & il féchera, & on le

» ramaſſera, & on le jettera au feu, &
» il brûle. Ajoutons que la coutume
univerſelle de la République chrétienne
vient à l'appui de ce ſentiment. Sima-
noas & Roïas ajoutent qu'il faut les brûler vifs, mais il y a une précaution qu'il
faut toujours prendre en les brûlant ,
c'eſt de leur attacher la langue ou de
leur fermer la bouche , afin qu'ils ne
ſcandaliſent pas les aſſiſtans par leurs
impiétés. *Adnot. lib.* 2 , *ſch. XLVII. &
Direct. lib.* 1.

Quelquefois des hérétiques deviennent fous avant l'exécution de leur
Sentence, quelques Auteurs ont prétendu qu'il falloit profiter des interval-
les lucides qu'ils peuvent avoir pour les
conduire au ſupplice ; mais dans des cas
ſemblables il eſt plus ſûr de conſulter le
ſouverain Pontife. *Adnot. lib.* 3 , *ſch.
XXV.*

Des Hérétiques impénitens non relaps.

L'hérétique impénitent non relaps
eſt abandonné, comme le relaps, à la
Juſtice ſéculiere. Il faudra tâcher d'a-
bord de le convertir ; on pourra lui
envoyer des Prêtres & des Religieux
qui diſputent avec lui la Bible à la main...

il ne faut pas fe preffer de le livrer au bras féculier. On le tiendra d'abord dans un cachot obfcur & incommode, bien ferré dans les fers. S'il réfifte à cette épreuve, on cherchera à le ramener par d'autres moyens, en le traitant avec un peu plus de douceur, en le mettant dans une bonne chambre, en lui donnant un peu mieux à manger, & en lui promettant que s'il fe convertit on le recevra avec miféricorde ; s'il ne donne aucun figne de changement après quelques jours, on laiffera venir auprès de lui fes enfans, s'il en a, furtout les plus jeunes, & fa femme pour l'attendrir ; fi tout cela eft inutile, on le livrera au bras féculier. *Direct. lib.* 3, *pag.* 344.

S'il arrivoit que l'hérétique prêt à être attaché au pieu pour être brûlé, donnât des fignes de converfion, on pourroit peut-être le recevoir par grace finguliere, & l'enfermer entre quatre murailles comme les hérétiques pénitens, quoiqu'il ne faille pas ajouter beaucoup de foi à une pareille converfion, & que cette indulgence ne foit autorifée par aucune difpofition au droit, mais cela eft fort dangereux ; j'en ai vu un exemple à Barcelonne.

G

Un Prêtre condamné avec deux autres hérétiques impénitens, & déja au milieu des flammes, cria qu'on le retirât & qu'il vouloit se convertir ; on le retira en effet, déja brûlé d'un côté ; je ne dis pas qu'on ait bien ou mal fait, ce que je sçai, c'est que quatorze ans après on s'apperçut qu'il dogmatisoit encore, & qu'il avoit corrompu beaucoup de personnes, on l'abandonna donc une autre fois à la Justice, & il fut brûlé. *Direct. part.* 3, *p.* 335.

Aujourd'hui on n'use plus d'une pareille indulgence envers les hérétiques qui se convertissent après avoir été livrés à la Justice séculiere, parce qu'on présume que ces conversions ne sont pas l'effet du regret d'avoir offensé Dieu, mais de la crainte du feu qui est allumé sous les yeux des coupables ; ainsi quand ils promettroient mille & mille fois de se convertir, il est toujours plus sûr de ne les entendre en aucune maniere. L'instruction faite en 1561 à l'usage des Inquisitions d'Espagne, avertit sagement de ne pas recevoir, même les hérétiques négatifs qui se convertissent au sortir de la prison avant que leur Sentence leur soit prononcée ; or les impénitens ne doivent pas être traités plus favorablement que les négatifs, & il n'y a rien de plus jufte, puifqu'avant de les produire en public on eft cenfé avoir fait les plus grands efforts pour les convertir. *Adnot. lib. 3, fch. 27, & fchol. 65.*

On peut nous faire l'objection fuivante :

Lorfqu'on punit de mort un hérétique impénitent, on perd fon ame, & c'eft fans doute un plus grand mal de perdre une ame que de laiffer l'hérétique impuni. A cela on peut répondre, lorfqu'on brûle un hérétique ; ce n'eft pas feulement pour fon bien, mais principalement pour l'édification & le bien fpirituel du peuple catholique, & le bien public eft préférable à l'avantage particulier de cet homme qu'on damne en le faifant mourir impénitent. *Adnot. lib. 3, fchol. XXV.*

Des Hérétiques impénitens & relaps.

L'hérétique impénitent & relaps eft livré à la Juftice féculiere comme les précédens.

Voici ce qu'on doit obferver à fon égard.

Il faudra le tenir dans un cachot bien

incommode & bien sûr, bien serré dans les fers & attaché avec une chaîne, de peur qu'il ne s'échappe & qu'il n'en aille gâter d'autres. L'Inquisiteur le fera souvent comparoître, & tâchera de le convertir; que si on en vient à bout avec la grace de Dieu, il faudra cependant lui faire entendre par quelques gens de bien, qu'il ne peut pas éviter la mort temporelle, & qu'il mette ordre aux affaires de sa conscience. Lorsqu'on lui aura donné un tems suffisant pour se disposer à la mort, (qu'il se repente ou non,) on le livrera à la Justice séculiere, en lui prononçant sa Sentence dans la forme qui suit:

» Nous, Frere N. de l'Ordre des Prê-
» cheurs, Inquisiteur de la foi, &c. Vous
» étiez déja tombé dans plusieurs héré-
» sies, vous aviez paru vous repentir,
» l'Eglise vous avoit absous, & vous
» avoit r'ouvert son sein; mais nous
» avons appris avec bien du chagrin que
» vous êtes retombé dans les erreurs
» que vous aviez abjurées. Nous avons
» examiné la chose avec le plus grand
» soin, nous avons constaté votre re-
» chûte; nous désirions de tout notre
» cœur, comme nous désirons encore,
» de vous faire rentrer dans le sein de

» l'Eglise, & Dieu nous est témoin des
» grands efforts que nous avons fait pour
» cela ; mais séduit par le malin Esprit,
» vous avez mieux aimé brûler éternel-
» ment dans les enfers, & être brûlé
» ici bas, que de renoncer à vos damna-
» bles & criminelles erreurs. C'est pour-
» quoi comme l'Eglise ne peut plus rien
» faire de vous, & qu'elle a épuisé inuti-
» lement envers vous toutes ses ressour-
» ces pour la conversion des pécheurs,
» nous vous déclarons relaps & impé-
» nitent, & nous vous abandonnons à la
» Justice séculiere, en priant cependant
» ladite Cour, & cela efficacement, que
» tout se passe envers vous sans danger
» de mort & sans effusion de sang, &c.

De l'hérétique négatif.

On donne ce nom à l'hérétique convaincu par des témoignages suffisans
qui nie son crime, & on le livre au bras
séculier. La raison de cela est que celui
qui nie le crime dont il est convaincu,
est évidemment impénitent. *Direct.* 2,
part. quæst. 34.

Il faut cependant examiner les témoins avec le plus grand soin, donner du tems à l'Accusé pour qu'il se

détermine à avouer ; & employer les meilleurs moyens pour obtenir cet aveu ; par exemple, il faudra le tenir dans un cachot incommode, les fers aux pieds & aux mains, & là l'exhorter souvent à confesser son crime. S'il avoue, on le traitera comme l'hérétique pénitent, (en supposant cependant qu'il ne soit pas relaps ;) s'il s'obstine à nier, il sera livré à la Justice séculiere, & traité comme l'hérétique impénitent.

La Sentence contre l'hérétique négatif, & les cérémonies qui précédent & qui suivent l'abandonnement qu'on en fait à la Justice séculiere, sont à peu de choses près semblables à ce qui s'observe pour l'hérétique impénitent.

Si l'hérétique avouoit lorsqu'il sera prêt à être brûlé & déja arrivé au lieu du supplice, quoique cette conversion doive être regardée comme l'effet de la crainte de la mort, plutôt que de l'amour de la vérité, on pourra lui accorder la vie, en l'enfermant entre quatre murailles. Les Loix n'obligent cependant pas les Inquisiteurs à avoir cette indulgence. *Direct. part. 3 , p. 336 & 337.*

Lorsque les hérétiques négatifs protestent qu'ils croyent fermement tout ce que croit l'Eglise Romaine, quelques Auteurs prétendent qu'on ne doit pas les abandonner a la Justice séculiere ; mais cette opinion n'est pas recevable : elle est rejettée presqu'universellement. A la raison que nous avons donnée plus haut, que l'Hérétique négatif est impénitent, on peut en ajouter beaucoup d'autres également fortes. L'Hérétique négatif ne satisfait pas à l'Eglise qui exige de lui une satisfaction ; il ne se corrige point, & on ne peut accorder le pardon qu'à l'amendement. Enfin il ne confesse pas son crime, & la confession du péché est nécessaire pour en obtenir le pardon, & pour montrer de dignes fruits de pénitence.

Après tout, si quelqu'innocent est condamné injustement, il ne doit pas se plaindre du jugement de l'Eglise, qui a jugé d'après des preuves suffisantes, & qui ne lit pas dans les cœurs ; & si de faux témoins l'ont fait condamner, il doit recevoir sa Sentence avec résignation, & se réjouir de mourir pour la vérité. *Adnot. lib. 3. Sch. 66.*

Il se présente ici une belle question à traiter : on demande si celui qui est innocent & condamné en conséquence de la dépoſition de faux témoins , peut avouer le crime qu'il n'a pas commis , & ſe couvrir de l'ignominie que l'héré-ſie entraîne , pour éviter la mort. Il ſemble d'abord que la réputation étant un bien extérieur , chacun eſt le maître de le ſacrifier pour éviter les tourmens qui ſont un mal , ou racheter ſa vie qui eſt le plus précieux de tous les biens ; d'ailleurs en perdant ainſi ſa réputation, on ne fait tort à perſonne.

Mais ces raiſons ne nous paroiſſent pas ſuffiſantes. Celui qui s'accuſe ainſi commet au moins un péché véniel con-tre la charité qu'il ſe doit à lui-même , il fait un menſonge en avouant un cri-me qu'il n'a pas commis ; ce menſonge eſt ſurtout criminel lorſqu'on le fait à un Juge qui interroge juridiquement , car c'eſt alors un péché mortel ; & quand ce ne ſeroit qu'un péché véniel, il ne ſeroit pas encore permis de le commettre pour éviter la mort & les tourmens ; ainſi, quoiqu'il doive pa-roître bien dur à un innocent condam-né comme hérétique négatif, de mou-rir , dans des cas ſemblables, le Con-feſſeur qui l'exhorte doit lui faire en-tendre qu'il ne lui eſt pas permis de s'accuſer fauſſement , & que s'il ſouffre

le supplice & la mort avec résignation , il obtiendra la couronne im-
mortelle du martyre. *Adnot. lib. 3 , sch.*
68.

De l'Hérétique fugitif & contumax.

Lorsque l'hérétique contumax & fugitif ne comparoît pas après les citations qu'on a vu plus haut , soit qu'il ait
été convaincu , ou qu'il soit simplement
contumax, on le livre à la Justice séculiere comme hérétique impénitent, par
la Sentence suivante.

» Nous, Frere N. Inquisiteur , consi-
» dérant que vous N. natif d'un tel en-
» droit, dans un tel Diocèse, étiez dé-
» feré à notre Tribunal comme cou-
» pable d'héréfie par le bruit public &
» par l'insinuation de gens dignes de foi ;
» pour remplir les devoirs de notre
» charge, nous avons voulu rechercher
» si le bruit qui étoit venu jusqu'à nos
» oreilles étoit fondé , & si vous mar-
» chiez dans la lumiere ou dans les téné-
» bres. Nous vous avons fait appeller
» devant nous , vous avez avoué vo-
» tre crime , & promis d'abjurer vos er-
» reurs & de vous soumettre aux péniten-
» ces que nous voudrions vous imposer.

» Mais séduit depuis par les artifices du
» démon, & craignant les remedes salu-
» taires, l'huile & le vin que nous nous
» préparions à appliquer à vos blessures,
» vous vous êtes enfui de votre prison,
» & vous cachant tantôt dans un endroit
» & tantôt dans un autre, vous vous dé-
» robez à nos perquisitions, de maniere
» que nous ignorons absolument où l'es-
» prit malin susdit vous a pû conduire.
(*Ce qu'on vient de voir, convient par-*
ticulierement à l'Hérétique convaincu,
qui s'est enfui de sa prison ; voici pour
l'Hérétique contumax & fugitif, qui n'est
pas encore tombé entre les mains du
Saint - Office, mais qui n'a pas voulu
comparoître.) » Nous vous avons cité,
» & vous, en suivant un conseil insensé,
» vous n'êtes point comparu.

 » Nous vous avons excommunié,
» vous avez soutenu l'excommunication.
» La sainte Eglise de Dieu a attendu inu-
» tilement que vous revinssiez au sein
» de sa miséricorde, si vous aviez quitté
» vos erreurs, elle se disposoit à vous
» nourrir avec les mamelles de sa clé-
» mence ; mais tous ses soins pour vous
» ont été inutiles.

 » Nous vous avons menacé de pronon-
» cer enfin contre vous une Sentence dé-

» finitive; le refus obstiné que vous fai-
» tes de comparoître nous montre assez
» que vous voulez demeurer toujours
» dans vos erreurs, ce qui nous cause
» une grande douleur. Mais comme nous
» ne pouvons pas tolérer davantage une
» si grande désobéissance à l'Eglise de
» Dieu, après un mûr examen de votre
» cause, nous, assis dans notre Tribunal,
» les saints Evangiles placés sous nos
» yeux, afin que notre Jugement sorte
» de la face du Seigneur, & que nos yeux
» voyent l'équité, ayant pour guide la
» vérité irréfragable de la religion, &
» pour modele le bienheureux S. Paul,
» nous portons contre vous la Sentence
» suivante :

» Le nom de Jesus-Christ invoqué . . .
» Nous vous déclarons hérétique obsti-
» né & impénitent, & comme tel nous
» vous abandonnons à la Justice sécu-
» liere, en priant cependant affectueu-
» sement, *affectiosius*, la Justice susdite,
» si jamais elle peut vous avoir en sa
» puissance, de modérer sa Sentence
» envers vous, de maniere que tout se
» passe sans danger de mort & sans effu-
» sion de sang. *Direct. part. 3.*

G vj

CHAPITRE XIV.

Des Crimes soumis à la Jurisdiction du Saint-Office.

TOUT hérétique en général est soumis à l'animadversion du Saint-Office, mais il y a certains genres de crimes qui ne sont pas hérésie proprement dite, & qui rendent cependant celui qui en est coupable, justiciable de l'Inquisition. Voici quelques détails sur cela.

1°. Les blasphémateurs qui dans leurs blasphêmes, disent des choses contraires à la foi chrétienne, doivent être regardés comme hérétiques; & comme tels, ils sont soumis au jugement des Inquisiteurs, & punis des peines de droit; par exemple, celui qui dit, *la saisou est si vilaine que Dieu même ne pourroit nous donner du beau temps*, péche en matiere de foi contre le premier article du Symbole. *Direct. 2. part. quæst. 41.*

Quelques Auteurs ont prétendu que ceux qui blasphêment dans l'yvresse, peuvent être punis comme hérétiques lorſque leur yvreſſe eſt paſſée , parce qu'on doit croire qu'ils ne laiſſent échapper que des opinions qu'ils avoient dans leur bon ſens , mais ce ſentiment eſt trop ſévere ; il faut cependant infliger quelque peine à ceux qui tombent dans de pareilles fautes.

Mais cette indulgence ne doit s'employer qu'envers ceux qui étoient dans une yvreſſe entiere ; & non pas envers un homme entre deux vins , comme l'a très-bien remarqué Campegius. *Adnot. lib. 3. Schol. 17.*

On peut compter parmi les blaſphémateurs , ceux qui font des plaiſanteries contre la foi , contre Dieu & ſes Saints. C'eſt auſſi à l'Inquiſiteur qu'il appartient de les punir. A la vérité les loix n'ont pas réglé la peine qu'on doit décerner dans des cas pareils. Il ne paroît pas qu'on doive les punir comme des hérétiques véritables, parce que pour conſtituer l'héréſie , il faut erreur dans l'entendement & obſtination dans la volonté , ce qui ne ſe trouve pas dans les plaiſanteries. Si cependant une perſonne après avoir dit en plaiſantant, *ſi je n'ai point de femme en ce monde , j'en aurai une dans l'autre* , ſoutenoit cette extravagance , alors il rentreroit dans la claſſe des hérétiques.

C'eſt auſſi un crime énorme que de faire des applications profanes des paroles de l'Ecriture ſainte, ou de les employer comme on le fait quelquefois en amour pour toucher le cœur d'une femme. *Adnot. lib.* 3. *Schol.* 17.

2°. Les Sorciers & Devins ſont juſticiables du Saint-Office. Lorſque dans leurs ſortileges ils font des choſes qui ſentent l'héréſie, comme de rebaptiſer les enfans, d'encenſer une tête de mort, &c. mais s'ils ſe contentent de deviner l'avenir par la chiromantie, ou inſpection des mains, ou en tirant à la courte paille, ou en conſultant l'aſtrolabe, il n'y a là que ſimple ſortilege, & c'eſt au Juge Séculier à les punir. *Direct.* 2. *part. quæſt.* 52. On peut placer parmi ces derniers, ceux qui donnent des breuvages aux femmes pour s'en faire aimer. *Ibid. quæſt.* 43.

3°. Ceux qui invoquent les Démons, & dont on peut faire trois claſſes. La premiere de ceux qui rendent aux démons un culte de latrie, en ſacrifiant, en ſe proſternant, en chantant des prieres, en gardant la continence ou en jeûnant en ſon honneur, en allumant des cierges, en brûlant de l'encens, &c.

La feconde eft de ceux qui fe conten‑
tent de rendre au diable un culte de
Dulie ou d'Hyperdulie, en mêlant les
noms des diables aux noms des Saints
dans des litanies, en les priant d'être
leurs médiateurs auprès de Dieu, &c.
La troifieme claffe comprend ceux qui
invoquent les démons, en traçant des
figures magiques, en plaçant un enfant
au milieu d'un cercle, en fe fervant
d'une épée, d'une couche, d'un mi‑
roir, &c. En général on peut recon‑
noître affez facilement ceux qui invo‑
quent les démons, à leur regard fa‑
rouche, & à un air terrible que leur
donnent les entretiens fréquens qu'ils
ont avec les diables.

Tous ceux qui invoquent les démons
de l'une de ces trois manieres, font fujets
à la Jurifdiction du Saint-Office comme
hérétiques, & doivent être punis com‑
me tels.

En effet, *l'invocation* qui fe trouve
dans les trois cas que nous venons d'ex‑
pliquer, eft toujours un acte d'héréfie
de quelque maniere qu'on la pratique.
Direct. part. 2. quæft. 43.

Si cependant on ne demandoit au
diable que des chofes qui font de fon
métier, comme de tenter une femme

du péché de luxure, pourvû qu'on n'emploie pas les termes d'*adoration* & de *priere* ; mais ceux de *commandement*, il y a des Auteurs qui penſent qu'en ce cas on ne ſe rend pas coupable d'héréſie. *Ibid.*

D'après cette derniere obſervation, ſi en invoquant le diable, pour rendre par exemple une femme ſenſible à l'amour, le faiſeur de ſortileges ſe ſert de l'impératif ; *je te commande,* je *t'ordonne, j'exige,* &c. l'héréſie n'eſt pas là bien marquée ; mais ſi il dit, je *te prie,* je *te conjure,* je *te demande,* &c. l'héréſie eſt manifeſte, parce que ces paroles de prieres ſuppoſent & renferment l'adoration. *Ibid.*

Parmi ceux qui invoquent les démons, on peut compter les Aſtrologues & les Alchymiſtes, qui lorſqu'ils ne peuvent pas parvenir aux découvertes qu'ils cherchent, ne manquent pas de recourir au diable, lui font des ſacrifices & l'invoquent, ou expreſſément ou tacitement. *Direct. part.* 3. p. 293.

L'alchymie conduit ſur-tout à l'invocation des démons ceux qui s'y livrent ſans argent ; car ſi un homme riche & puiſſant cherche à faire de l'or, on peut abſolument ſe diſpenſer de le ſoupçonner de magie ; mais les Alchymiftes qui n'ont pas de grands moyens, fe ruinant communément dans leurs entreprifes, fe mettent ordinairement ou à invoquer les démons ou à faire de la fauffe monnoie.

Les Chymiftes s'éleveront peut-être contre moi ; mais il faut confidérer que je ne fuis pas feul de mon fentiment, & que des Auteurs très-graves & très-fçavans ont penfé de même.

Je ne vois pas d'ailleurs ce qu'ils peuvent répondre à l'autorité du Pape Jean XXII, qui dans fa conftitution, *Spondent quas non exhibent divitias pauperes Alchymiftæ*, décerne des peines très-féveres contre ceux qui vendent de l'or ou de l'argent fait par les Alchymiftes. *Adnot. lib. 3. Schol. 32.*

5°. Les Juifs & les infideles ; les premiers, lorfqu'ils péchent contre leur croyance dans les articles de leur foi, qui font les mêmes chez eux & chez nous, comme quand ils facrifient aux démons, ce qui eft attaquer l'unité de Dieu, dogme commun aux Juifs & aux Chrétiens.

Une autre raifon démontre que les Juifs doivent être foumis à l'animadverfion des Inquifiteurs, lorfqu'ils atta-

quent les dogmes communs entr'eux
& nous. On sçait que les enfans des
Juifs qui ont reçu le baptême, ou même
les adultes qu'on a obligés par des me-
naces ou par la confiscation de leurs
biens, ou à force de coups, ou même
par la crainte de la mort à recevoir le
baptême, doivent être contraints d'ob-
server les promesses qu'ils ont faites en
recevant la foi de Jesus-Christ ; à plus
forte raison peut-on les obliger d'être
fidéles à Dieu dans les engagemens
qu'ils ont contracté librement, d'ob-
server ses préceptes moraux,& de croire
en lui, d'autant plus qu'ils ont reçu par-
là la foi chrétienne *en figure*, comme
le dit très-bien S. Thomas. *Direct. part.*
2. quæst. 46.

On peut même étendre ce droit des
Inquisiteurs, aux circonstances où les
Juifs ne pécheroient que contre la foi
chrétienne, parce qu'alors par le délit
même qui est ecclésiastique, ils se sou-
mettent aux Juges ecclésiastiques, ils
cessent d'être étrangers à l'Eglise, & on
ne peut plus leur appliquer la maxime
de l'Apôtre Saint Paul, que l'Eglise ne
juge point ceux qui sont hors de son
sein, *de his qui foris sunt* ; ce qui est
vrai sur-tout lorsque les crimes qu'ils

commettent , peuvent entraîner les Chrétiens dans les mêmes excès. *Adnot. lib.* 2. *Schol.* 52.

· Quant aux Infidéles , l'Eglife & le Pape , & par conféquent l'Inquifiteur, Juge délégué par le Souverain Pontife, peuvent aufli les punir lorfqu'ils péchent contre la loi de nature , la feule qui leur refte , & même lorfqu'ils adorent les idoles. En effet les Sodomites furent punis par Dieu. Or on ne voit pas pourquoi le Pape , qui eft le Vicaire de Jefus-Chrift , ne pourroit pas faire la même chofe.

D'ailleurs , Jefus-Chrift a donné au Pape le pouvoir de paître fes brebis ; or les Infidéles font les brebis de Dieu par la création, ainfi le pouvoir du Souverain Pontife s'étend jufques fur les infidéles. C'eft la décifion des Docteurs.

6°. Les Excommuniés qui croupiffent dans l'excommunication pendant une année entiere ; ce qui ne doit pas feulement s'entendre de ceux qui ont été excommuniés pour caufe d'héréfie, ou comme fauteurs des Hérétiques , mais des Excommuniés , pour quelque caufe que ce foit ; en effet, le mépris de l'excommunication les rend fufpects d'héréfie , foit parce qu'on en peut légitimement conclure qu'ils ne penſent pas bien des Sacremens de l'Egliſe, dont ils ne s'embarraſſent pas de s'approcher comme les autres Fidèles, ſoit parce qu'on peut ſoupçonner qu'ils ne croyent pas au pouvoir des Clefs. *Direct. part. 2. quæſt. 47. Adnot. lib. 2. Sch. 13.*

7°. Les Chrétiens apoſtats, qui ſe font Juifs ou Mahométans, quand même ils apoſtaſieroient par la crainte de la mort & des ſupplices, ſans avoir aucun levain d'héréſie dans le cœur ſont Hérétiques aux yeux de l'Egliſe, qui les juge par les actes extérieurs. La crainte de la mort & des ſupplices, n'étant pas une crainte qui puiſſe affecter un homme ferme dans la Foi, ne ſçauroit excuſer l'apoſtaſie, ſelon ce que dit S. Auguſtin, qu'il vaut mieux mourir de faim que de ſe nourrir de viandes offertes aux Idoles. *Ibid. quæſt. 49.*

8°. Les fauteurs des Hérétiques, c'eſt-à-dire, ceux qui empêchent l'empriſonnement & la punition des Hérétiques; les Seigneurs temporels & les Magiſtrats, qui requis par les Inquiſiteurs, ne font pas empriſonner les Hérétiques; ou ne les puniſſent pas aſſez promptement, lorſqu'on les a abandonnés à la Juſtice ſéculiere, & enfin tous ceux qui

empêchent directement ou indirecte-
ctement l'exécution des Loix contre les
Hérétiques. On peut foupçonner d'être
fauteurs d'Hérétiques ceux qui les vifi-
tent, & qui leur donnent à manger,
ceux qui font mauvaife mine à Meffieurs
les Inquifiteurs, & qui les regardent
de travers. Un homme habile diftingue-
ra cela fans peine à leurs yeux & à leur
nés. Si l'on y prend garde, on verra
que ces geus-là ne peuvent pas fuppor-
ter la vue de ceux qui pourfuivent les
Hérétiques. C'eft une remarque du R. P.
Ivonet. *Adnot. lib.* 2, *Sch.* 39.

En excommuniant ou en puniffant les
Magiftrats & les Seigneurs temporels,
qui empêchent directement ou indirec-
tement, l'exécution des Loix contre les
Hérétiques, il faut que les Inquifiteurs
fe fouviennent toujours qu'ils ne font
pas les plus forts, & qu'ils ont befoin
du fecours de la Puiffance temporelle.
Ils doivent employer d'abord les voies
de la douceur; & enfin, lorfqu'il eft
queftion d'en venir aux dernieres ex-
trémités, il faudra confulter les Grands
Inquifiteurs & les Souverains Pontifes;
toutes ces attentions font fur-tout néceffaires lorfque ces Seigneurs & ces
Magiftrats ne dépendent pas de Princes

plus puissans qu'eux & zélés pour les intérêts de la Religion. *Adnot. lib.* 3. *Schol.* 5.

On regarde comme Fauteur celui qui sauve un Hérétique des mains des Inquisiteurs, qui l'avertit de s'enfuir, &c. (Il est puni par la confiscation de tous ses biens, & sa maison est rasée.) Les Loix civiles ont réglé que ceux qui sauvent des malfaiteurs des mains de la Justice, ne doivent pas être traités avec la même sévérité, lorsque ces malfaiteurs font leurs parens ; mais le Répertoire des Inquisiteurs *Paulus Grillandus* & d'autres Auteurs, pensent que cette Loi ne doit pas être étendue aux fauteurs des Hérétiques, à cause de l'énormité du crime d'héréfie : cependant on peut penser que, lorsqu'on donne asyle à un Hérétique en un pareil cas, c'est moins en faveur de l'héréfie qu'en faveur de la parenté ; & il faut fans doute paffer quelque chose aux liens du fang, & à la nature dont on n'étouffe pas facilement la voix. C'est le fentiment le plus doux & le plus commun ; & il me paroît qu'on doit l'obferver dans la pratique. Cependant il faut remarquer que, quoiqu'on doive punir alors le fauteur d'une peine moins févere, il faut toujours le punir. De plus, un fils qui donne afyle à fon pere, ou une femme qui fauve fon mari, &c. doivent être traités avec moins de rigueur que fi la parenté eft plus éloignée. Si un ami fauve fon ami, ou une amante fon amant, on peut auffi ufer de quelqu'indulgence ; parce que, comme le difent Ciceron, Baldus & Curtius, *l'amour eft une fureur* ; mais il faut examiner avec foin, fi l'amitié eft vraiment grande, & fi l'amour eft violent.

Celui qui, lorfque les Inquifiteurs font à la pourfuite d'un Hérétique, feint d'être celui qu'on cherche, quoiqu'il foit Catholique, & fe fait prendre pour favorifer l'évafion du coupable, eft encore regardé comme Hérétique ; (fes biens font confifqués, & il eft condamné à la prifon perpétuelle.)

Il faut dire la même chofe de ceux qui ne dénoncent pas les Hérétiques (on excepte cependant de cette Loi une femme qui ne dénonce pas fon mari, qui mange gras les jours maigres lorfqu'elle peut craindre qu'il ne l'affomât, s'il fçavoit qu'il a été dénoncé par elle. *Adnot. lib. 2. Sch. LIX.*

Enfin, les Juifs & les autres Infidèles,

qui pervertiffent les Chrétiens, font auffi regardés comme fauteurs d'hérétiques, foumis pour cela à la Jurifdiction des Inquifiteurs, & punis des peines de droit.

Quoiqu'il foit défendu par plufieurs Décrétales, de donner quoique ce foit aux Hérétiques, on ne regarde pas comme fauteur d'héréfie celui qui donne à manger à un Hérétique prêt à mourir de faim, parce qu'un tel homme peut encore fe convertir. *Direct. part.* 2.

Fin de l'Extrait du Directoire des Inquifiteurs.

HISTOIRE

DE

L'ÉTABLISSEMENT

DE L'INQUISITION

DANS LE ROYAUME

DE PORTUGAL,

TIRÉE de l'Ouvrage de Louis à Paramo, *Inquisiteur dans le Royaume de Sicile, intitulé :* De origine & progressu Officii Sanctæ Inquisitionis.

Matriti, *ex Typographiâ Regiâ,* 1589.

SOUS le regne de Jean premier, Roi de Portugal, l'an de notre salut 1408, le souverain Pontife Boniface IX. désirant d'établir dans ce Royaume des Tribunaux du Saint-Office sur le modele de ceux de Castille qui étoient en-

H

tre les mains des Dominicains , créa Inquisiteur général le R. P. Vincent de Lisbonne , Provincial de cet Ordre ; mais cet établissement déchut en assez peu de tems.

Quelques années s'écoulerent , & le Pape Clement VII. informé par le Roi Jean I. que les Juifs & les Hérétiques commettoient toutes sortes d'impiétés dans le Portugal , nomma Inquisiteur dans ce Royaume le R. P. Didacus de Sylva , Minime de Saint François de Paule.

Le R. P. de Sylva ayant commencé à s'adonner aux fonctions de son ministere, plusieurs personnes considérables qui se virent dénoncées & poursuivies, accuse-rent les Inquisiteurs de tyrannie & de cruauté auprès du Roi, & animerent tellement ce Prince , qu'il écrivit au Pape *que l'établissement de l'Inquisition dans son Royaume étoit contraire au bien de ses sujets , à ses propres intérêts , & peut-être même à ceux de la religion.*

Le Pape touché par les représenta-tions d'un Prince trop facile , révoqua tous les pouvoirs accordés aux Inqui-siteurs nouvellement établis , & autorisa Marc , Evêque de Sinigaglia , à absou-dre les Accusés , ce qu'il fit. On rétablit dans leurs offices & dignités ceux qui en avoient été privés , & on délivra beaucoup de gens de la crainte de voir leurs biens confifqués.

Cette libéralité & cette indulgence extrêmes encouragerent bientôt ces hommes aveugles & infenfés à fe livrer aux plus grands excès , & le Roi Jean III. ne fut pas longtems fans déplorer la trop grande facilité de fes prédéceffeurs. Il demanda donc au Pape Paul III, & obtint de ce Pontife de nouveaux Inquifiteurs; Mais fans leur accorder d'établiffement abfolument fixe, ces Inquifitions étant à peu près fur le pied des premieres établies vers l'an 1216 , lorfque les Inquifiteurs étoient encore ambulans. Envain les Empereurs & les fouverains Pontifes avoient follicité fouvent les Rois de Portugal de donner dans leurs Etats aux Tribunaux du Saint-Office la forme & la confiftance qu'ils avoient dès-lors dans les Royaumes de Caftille & d'Arragon. Ces Princes féduits par de mauvais confeils , n'avoient jamais voulu confentir à cet établiffement fi falutaire à l'Eglife & à leur Royaume.

Mais que le Seigneur eft admirable dans fes voyes ! Ce que les Empereurs

& les souverains Pontifes n'avoient pû
obtenir par tant d'instances, le Roi Jean
l'accorda de lui-même à un fripon adroit
dontDieu se servit pour cette bonne œu-
vre. En effet, les méchans sont souvent
des instrumens utiles des desseins de
Dieu,& il ne réprouve pas ce qu'ils font
de bien ; c'est ainsi qu'en St Marc, Jean
disant à Notre Seigneur J. C. » Maître,
»nousavons vû un homme qui n'est point
» votre Disciple, & qui chassoit les dé-
» mons en votre nom, & nous l'avons
» empêché.Jesus leur répondit:Ne l'em-
» pêchez pas; car celui qui fait des mira-
» cles en mon nom ne dira point de mal
»de moi; & celui qui ne vous est pas con-
»traire est pour vous.

On vit donc paroître en Portugal un
coquin appellé Sahavedra, qui pour
chasser de ce Royaume le démon de l'hérésie, employa des moyens si étranges
& si inouis, que je douterois de ce que
j'écris, si je ne le sçavois pas de science
certaine, & que j'ai peine à compren-
dre comment l'adresse & la fourberie
d'un homme a pû aller aussi loin. Qui
croira en effet qu'un fourbe ait osé former & exécuter le projet de tromper des
Rois, des Princes, le souverain Pontife
lui-même, & des milliers d'hommes ?

Ce n'est cependant pas une fable ; nous ne raconterons que ce que nous avons lû dans un ouvrage écrit de la propre main de Sahavedra, & qui est déposé dans la Bibliotheque de Saint Laurent à l'Escurial.

Sahavedra naquit à Cordoue d'une famille honnête. Il s'instruisit de bonne heure dans l'art de contrefaire l'écriture & de faire de faux seings. Un des premiers fruits qu'il retira de son adresse fut de se mettre en possession d'une Commanderie de l'Ordre de Saint Jacques de trois mille ducats par an, en vertu de la signature contrefaite du Roi ; il la posseda pendant dix-sept ans. Il tira aussi à diverses fois des sommes considérables des Receveurs des deniers royaux.

L'an 1539 il vint dans l'Andalousie ; là il fit connoissance avec un homme instruit & d'un esprit très-délié ; celui-ci, après quelques conversations, dit à Sahavedra qu'il avoit un bref du Pape qui l'autorisoit à établir une Maison réligieuse en Portugal ; mais que cette piece, quoique scellée de l'Anneau du Pêcheur lui étoit inutile, parce qu'on n'y avoit point fait mention d'un sien Compagnon qui devoit entrer dans cette affaire. Sahavedra lui dit qu'il étoit

fort exercé & fort adroit à contrefaire
toutes sortes d'écritures , & qu'il le ti-
reroit de l'embarras où il le voyoit.
Alors il prit le Bref & le contrefit fur le
champ avec tant d'adreffe, que cet homme & fon Compagnon en furent infini-
ment fatisfaits.

Sahavedra les voyant enchantés de
ce premier effai , leur confia le grand
projet qu'il avoit formé d'établir l'Inquifition en Portugal , & la réfolution
où il étoit d'employer à cela tous fes
foins & tous fes travaux. Il ajouta qu'il
ne manqueroit pas d'argent , & ce qu'il
y avoit de plus important qu'il avoit
des modeles d'écriture & de fignature
de toutes les perfonnes dont l'intervention étoit néceffaire pour cet établiffement , & qu'il étoit fûr de les contrefaire
fi bien que ces perfonnes elles-mêmes
s'y tromperoient.

Peut-être , reprit l'autre enhardi par
cette ouverture , peut-être que dans le
monde entier vous ne trouveriez perfonne qui pût vous être auffi utile que
moi pour l'exécution de votre projet. Il
nous faut un Cardinal Légat *à latere* ,
muni par le Souverain Pontife des pouvoirs les plus amples , & des lettres
du Pape & de l'Empereur au Roi Jean ,

contenant des follicitations preffan-
tes pour l'établiffement de l'Inquifition dans fes Etats. Je vous dicte la
forme que nous devons donner à la Bulle
du fouverain Pontite, & je vous aide-
rai pour tout le refte.

Ces gens étant d'accord, on tranfcri-
vit la Bulle prétendue, & on fit faire les
cachets & autres chofes dont on avoit
befoin pour la réuffite de l'entreprife.
Mais pour s'affurer fi la Bulle & les autres papiers étoient bien faits, Sahavedra s'adreffa à un Provincial de l'Ordre
de Saint François ; il lui dit qu'à quelque diftance de la Ville il avoit trouvé
ces parchemins, & qu'il foupçonnoit
des gens qu'il avoit rencontrés & qui
couroient la pofte fur le chemin de Ba-
dajos, de les avoir perdus ; que fi c'é-
toit des chofes qui leur fuffent de quelqu'utilité, il les fuivroit pour les leur
rendre, dut-il lui en coûter jufqu'à cinquante ducats. Le Provincial, après
avoir lû tout avec attention, lui dit que
ces papiers étoient de la plus grande im-
portance, qu'il falloit monter fur le
champ à cheval, afin que fa négligence
ne fit pas manquer une affaire dont le
fuccès intéreffoit le bien de la religion,
que c'étoit une Bulle pour l'établiffe-

ment de l'Inquifition en Portugal, établiffement que les fouverains Pontifes, tous les Princes Chrétiens, & furtout les Rois de Caftille avoient défiré avec la plus grande ardeur, & auquel les Rois de Portugal s'étoient toujours refufés; qu'il croyoit que ces gens qu'il avoit rencontrés fur le chemin étoient le Cardinal-Légat & fa fuite, qu'apparemment ce Cardinal n'étoit pas vieux puifqu'il alloit fi bon train, & que probablement il alloit à Badajoz & s'y arrêteroit pour former fa maifon & difpofer fon entrée en Portugal.

Sahavedra voyant par les réponfes du Provincial que fes papiers étoient en regle, fe tranfporte à Séville avec les deux fripons dont nous avons parlé plus haut, & dont l'un prend le titre de Majordome, & l'autre celui de Sécrétaire de fon Eminence. On fait préparer au Légat de la vaiffelle, une litiere, des habillemens magnifiques. Sahavedra pendant ce tems, quoique dans la Ville, ne voyoit fes compagnons qu'en fecret, ceux-ci difant toujours qu'ils attendoient fon Eminence. On fait enfuite la Maifon de M. le Légat formée de cent vingt-fix domeftiques.

A un jour convenu, Sahavedra étant

forti de la Ville, tout fon train en partit pour aller, difoit-on, au-devant du Cardinal qui arriva de nuit à douze mille de Séville ; le Majordome & le Sécrétaire le reçurent avec les plus grandes démonftrations de refpect & de foumiffion. Le lendemain il fit fon entrée dans la Ville, y fut reçu avec beaucoup d'honneur par le Clergé & par le Peuple, & logé dans le Palais de l'Archevêque ; il y demeura vingt jours, & pendant ce tems il tira treize mille ducats des héritiers d'un riche Seigneur du pays, en produifant une obligation contrefaite de pareille fomme que ce Seigneur reconnoiffoit avoir emprunté du Légat pendant fon féjour à Rome ; & les Exécuteurs - Teftamentaires refufant de payer, il les y contraignit par les Cenfures Eccléfiaftiques, & partit pour Badajoz. Chemin faifant, & paffant par Lerena où il y avoit une efpece d'Inquifition anciennement établie, il emmena avec lui trois Eccléfiaftiques qui préfidoient à ce Tribunal, à deffein de les employer dans les Inquifitions qu'il alloit former.

Le prétendu Légat arrivé à Badajoz, adreffa au Roi Jean les lettres de l'Empereur & du Pape qu'il avoit fabriquées. Le Prince reçut affez mal le Sécrétaire,

qui retourna effrayé vers son Cardinal,
& l'exhorta à abandonner son projet.
Sahavedra, après avoir repris fortement
son Sécrétaire de sa trop grande timi-
dité, le renvoya au Roi sur le champ,
en le chargeant de déclarer à ce Prince
que si on ne lui donnoit pas une réponse
favorable il alloit repartir tout de suite
pour Rome; le Roi demanda 20 jours.
Sahavedra voyant que cet espace de tems
ne suffisoit pas pour qu'on pût envoyer
à Rome & en recevoir une réponse,
accorda ce délai.

Enfin le Roi trompé par tant d'artifices, envoya au prétendu Légat un
des Grands de sa Cour pour le recevoir,
& lui laissa tout pouvoir pour l'établissement des Tribunaux du Saint-Office
dans ses Etats. Sahavedra vint à la Cour
où il fut reçu du Prince avec beaucoup
de bonté. Il y passa trois mois, après
quoi il employa trois autres mois à former & à établir des Tribunaux de l'Inquisition dans les principales Villes du
Royaume.

Ces Tribunaux commencerent tout de
suite à exercer leur Jurisdiction, & il se
fit un grand nombre de condamnations
& d'ex___tions d'hérétiques relaps, &
des ab___tions d'hérétiques pénitens.

Six mois s'étoient ainsi passés, lorsqu'on reconnut la vérité de ce mot de l'Evangile : il n'y a rien de caché qui ne se découvre. Le Marquis de Villeneuve de Barcarotta, Seigneur Espagnol, (*qui avoit été trompé ou volé par Sahavedra, comme beaucoup d'autres, & qui avoit probablement découvert la fraude du prétendu Légat,*) engagea le Gouverneur de Mora à le seconder dans le projet qu'il avoit formé d'enlever le fourbe. Pour cet effet le Gouverneur de Mora invita le Légat à un grand festin à sa maison de campagne, & le Marquis ayant aposté sur le chemin cinquante hommes bien armés, se saisit de Sahavedra, & lui ayant fait passer la riviere qui sépare la Castille & le Portugal, le conduisit à Madrid où le Roi étoit.

On le fit comparoître par-devant Jean de Tavera, Archevêque de Tolede, Précepteur du Prince & grand Inquisiteur. Ce Prélat étonné de tout ce qu'il apprit de la fourberie & de l'adresse du faux Légat, envoya toutes les piéces du Procès au Pape Paul III. aussi bien que les actes des Inquisitions que Sahavedra avoit établies, & par lesquelles il paroiſſoit qu'on avoit condamné & jugé déja un grand nombre d'hérétiques.

Le Pape ne put s'empêcher de reconnoître dans tout cela le doigt de Dieu & un miracle de ſa Providence, & il écrivit au grand Inquiſiteur de ne pas juger cet homme ſelon toute la rigueur des Loix, parce qu'il feroit bien aiſe de le voir.

Le Criminel ayant été mis dans les priſons de Madrid, on répeta contre lui plus de trois cens mille ducats qu'il avoit extorqués par de fauſſes ſignatures. Il fut transféré dans les Priſons du Saint-Office, & condamné à dix ans de galères, à quoi le Conſeil Royal ajouta une défenſe d'écrire quoique ce ſoit ſous peine de la vie. Après qu'il eut demeuré pluſieurs années aux galères, le Pape Paul IV. touché de compaſſion, lui fit rendre la liberté, & il vint ſe préſenter au Roi qui avoit déſiré de le voir.

Telle eſt l'origine de l'Inquiſition de Portugal qui s'eſt conſervée depuis ce tems-là dans le Royaume ſur le même pied que dans la Caſtille : elle a un Inquiſiteur général & des Inquiſiteurs particuliers, & dans la réunion heureuſe qui s'eſt faite du Portugal à la Couronne d'Eſpagne ſous notre glorieux Monarque Philippe II, tout est demeuré dans le même état qu'auparavant. A Paramo *de origin. Offic. S. Inquis. lib.* 2, *tit.* 2, *cap.* 15. (*a*).

(*a*) L'origine que donne *à Paramo* à l'établissement fixe des Tribunaux de l'Inquisition en Portugal, est reconnue & avouée par tous les autres Auteurs qui ont traité de la même matiere, entr'autres par Illiescas, Salafar, Mendoça, Fernandès, Placentinus, &c. Un seul Auteur Antoine de Soufa dans fes Aphorifmes des Inquifiteurs, révoque en doute la narration qu'on vient de lire; mais fes raifons font bien foibles contre tant d'autorités oppofées. Son principal argument est que Sahavedra, qu'on prétend avoir écrit ainfi fon Hiftoire, a fort bien pu s'accufer lui-même, fans être coupable, en confidération de la grande gloire qui devoit lui en revenir, & dans l'efpérance de vivre dans la mémoire des hommes, en s'attribuant un Ouvrage auffi admirable que l'établiffement de l'Inquifition : cette raifon ne mérite pas d'être réfutée. D'ailleurs Soufa dans le récit qu'il fubftitue à celui d'à Paramo, fe rend fufpect lui-même. De mauvaife foi, il cite deux Bulles du Pape Paul III au Roi Jean III, & deux autres du même Pontife au Cardinal Henry, frere du Roi; mais on lui oppofe avec raifon, que ces Bulles ne fe trouvent dans aucune des collections des Bulles Apoftoliques, & lui-même ne les a pas fait imprimer dans fon Ouvrage. Deux raifons décifives de rejetter fon opinion, & de s'en tenir à celle qui est appuyée par la commune opinion.

Comme l'Ouvrage de Louis à Paramo, d'où

EXTRAIT

DE quelques endroits de l'Ouvrage de Louis à
Paramo, *de origine & progreßu Officii
Sanctæ Inquifitionis.*

Cet Auteur voulant donner à l'Inquifition l'antiquité la plus reculée,
commence par faire voir qu'Adam &
Eve fe font rendus coupables du crime
d'héréfie : c'eft le but du titre premier,
de peccato & infidelitate Adæ, Lib. 1.

Ce principe établi, il traite au tit. 2.
du même Livre 2, de la maniere dont
Dieu procéda contre Adam en qualité
du premier Inquifiteur contre *la méchanceté des Hérétiques* ; & il trouve
dans la conduite, que Dieu tint la forme de procéder du Saint-Office.

« D'abord Adam eft cité, *Adam, ubi
es ?* & cela pour enfeigner aux Tribunaux futurs de la Sainte Inquifition,
que le défaut de citation rend la procédure nulle & de nul effet. Adam fe préfente, Dieu commence l'interrogatoire,
& juge par lui-même & fécretement le
coupable. Les Inquifiteurs fuivent exac-

nous avons tiré l'anecdote qu'on vient de lire,
eft rare & rempli de chofes affez étranges,
nous ferons peut-être plaifir à nos Lecteurs,
en leur en donnant une légere idée.

tement la même forme de procéder ,
qu'ils empruntent de Dieu même. »

« Les habits de peau que Dieu fit à
Adam & à Eve , font évidemment le
modéle des *San-Bénito* dont on revêt
les Hérétiques pénitens. Les croix qu'on
y attache , & qui étoient autrefois
droites , ont été depuis couchées & rap-
prochées de la forme d'une croix de
Saint André , pour marquer que les
gens qui les portent , fe font écartés de
la droiture de la foi chrétienne. »

« Après avoir revêtu Adam de cet
habit d'ignominie, qui repréfente l'homme rendu par le péché femblable aux
bêtes. Dieu le chaffe du Paradis ter-
reftre ; & c'eft de-là que l'Inquifition
a pris la coutume de confifquer les biens
des Hérétiques. Cette Loi eft fans doute
fort fage , puifque felon Platon , *Lib.* 4.
de Legibus , & d'Ariftote , *Lib.* 2. *Magn.*
moralium , les biens de ce monde fans
la vertu font funeftes à ceux qui les pof-
fédent , fervent d'aliment à leurs paf-
fions , & d'inftrument à leurs crimes. »

« Adam fut auffi privé de l'empire
qu'il avoit fur les animaux; par où nous
voyons qu'un Hérétique perd toute
autorité naturelle , civile & politique.
fes enfans ceffent d'être fous fa puiffance , fes efclaves font libres , & fes

fujets affranchis de l'obéiſſance qu'ils lui devoient. »

« Outre nos premiers parens, on doit regarder comme Hérétiques au premier âge du monde, & punis de Dieu comme tels, Caïn qui douta de la ſcience infinie de Dieu, lorſqu'il dit : *Je ne ſçais où eſt mon frere*, & qui déſeſpéra de ſa miſéricorde, en croyant que *ſon péché étoit trop grand, pour qu'il en pût obtenir le pardon ;* les hommes du tems de Noë, qui, ſelon Saint Thomas, s'étoient mis dans la tête que la fornication n'étoit point un péché ; qui ne voulurent pas croire au déluge dont ce Patriarche les menaçoit, & qui ſe moquerent de ſon Arche. »

« Au ſecond âge du monde, Nemrod & les Ouvriers de la Tour de Babel furent Hérétiques. Le premier, en introduiſant l'idolâtrie & le culte du feu, & ceux-ci en ſe flattant que leur édifice les mettroit à couvert des fléaux de la colere Divine. »

» Au troiſiéme âge, les Sodomites ſe rendirent coupables d'héréſie, en ce que chacun d'eux s'efforçoit de perſuader à ſon prochain que tous les genres de volupté étoient licites & permis. Auſſi Dieu les punit-il des peines employées contre les Hérétiques, c'eſt-à-dire, de la confiscation des biens ; car il est dit qu'ils ne pouvoient plus trouver la porte de leurs maisons , & ensuite de la peine du feu. »

« Ismaël étoit Hérétique & Idolâtre , & Sara remplit à son égard l'office d'Inquisiteur , en le chassant de la maison paternelle , de peur qu'il ne pervertît Isaac. »

Esaü fut deshérité par son pere , parce qu'il se rendit coupable de Simonie , en vendant pour un plat de lentilles son droit d'aînesse , auquel le Sacerdoce étoit attaché.

Les Israëlites , pendant le tems de leurs pélerinages dans le désert , se rendirent coupables d'hérésie en mille occasions ; & lorsqu'ils révoquerent en doute la vérité de la mission de Moïse , & lorsqu'ils murmurerent contre lui , & lorsque se défiant de la Providence divine, ils craignirent de mourir de faim & de soif, & lorsqu'ils obligerent Aaron de leur fabriquer le veau d'or , & lorsqu'ils adorerent Moloch & Béelphegor. Enfin ils avoient une si forte haine contre Dieu , que si dès ce tems-là il se fût fait homme parmi eux , ils n'auroient pas manqué de le crucifier. C'est donc le crime d'hérésie qui attira sur eux tous les malheurs dont ils furent accablés ; quarante ans d'erreurs dans le défert, fans pouvoir entrer en poffeffion de la Terre promife ; le maffacre de trente-trois mille hommes par les mains des Lévites, qui repréfentoient les Evê-ques & les Inquifiteurs après l'Idolâtrie du veau d'or ; la mort de plufieurs mil-liers de coupables aux fépulchres de la concupifcence ; la fin terrible de Coré, Dathan & Abiron avec leurs femmes & leurs enfans ; la plaie des ferpens ; vingt-quatre mille hommes égorgés, pour avoir rendu un culte à Priape le Dieu des Moabites, &c. »

« L'Hiftoire des Juifs depuis leur entrée dans la Paleftine jufqu'à Samuel, nous offre par-tout des veftiges de l'Inquifi-tion. Othoniel ; Aod qui affaffina le Roi de Moab ; Abimélech qui égorgea foi-xante-dix de fes freres fur la même pierre, & qui brûla mille hommes ré-fugiés dans le Temple de Baal ; Jephté & les autres Juges qui fe montrerent ennemis de l'idolâtrie, étoient revêtus de la dignité d'Inquifiteurs. »

« Pour Heli, l'héréfie eft clairement marquée dans fes paroles, lorfque Sa-muel lui annonce de la part de Dieu,

les maux qui alloient accabler les Israélites. Il est le maître, dit-il, *qu'il fasse ce
qui est juste à ses yeux. Dominus est quod
bonum est in oculis suis faciat.* Ce qui
signifie que Dieu est un tyran qui fait
tout ce qui lui plaît sans consulter la
justice. Ses enfans couchoient avec les
femmes qui veilloient à la porte du ta-
bernacle, & qui selon l'opinion d'un
habile homme, étoient Religieuses *mo-
niales.* Et d'ailleurs, comme le raconte
l'Ecriture, lorsqu'on avoit immolé les
victimes, leur valet venoit avec une
grande fourchettte à trois dents, la plon-
geoit dans la marmite où cuisoient les
viandes, & prenoit pour ses maîtres
ce que la fourchette emportoit, toutes
choses qui les rendent véritablement
suspects du crime d'hérésie. Or ces crimes & cette hérésie du grand Prêtre
Heli, de ses enfans & de tout le peuple, attirerent sur eux les fléaux de Dieu.
Heli, Ophni & Phinées moururent misérablement, & trente-quatre mille
Israélites périrent par le glaive des Phi-
listins. »

« Les Israélites ayant demandé un Roi,
Saül revêtu de l'autorité souveraine,
fut en même-tems Inquisiteur, car il fit
mourir les Magiciens, les Devins & les
Gastroliques. »

« Mais s'étant depuis rendu coupable de magie, en confultant le Pythoniffe d'Endor, il fut réprouvé de Dieu, & perdit la couronne & la vie. »

« Au quatriéme âge du monde, le Roi David fut Inquifiteur très-zélé ; il fit brûler les dieux des Philiftins. Salomon fon fils lui fuccéda. Dieu lui apparut en fonge, & lui dit, *fi les Ifraélites adorent des Dieux étrangers , je les enlèverai de deffus la terre que je leur ai donnée. Je dévafterai leur pays , & je détruirai leurs maifons.* Voilà encore exprimées les peines dues à l'héréfie, c'eft-à dire, l'exil, la confifcation des biens & une infinité d'autres maux. »

« Salomon doué par Dieu de la plus haute fageffe, & comblé de fes bienfaits , laiffa corrompre fon cœur , & adora les dieux des Nations. Il fut puni dans la perfonne de fon fils Roboam , de la confifcation de fes biens , & il perdit dix tribus. »

« Sur quoi on peut remarquer que la punition de ce Prince ne fut pas auffi févere qu'elle auroit dû l'être, puifque par fon idolatrie il auroit mérité de perdre fa couronne , mais Dieu les traita moins rigoureufement en confidération de son pere David, d'où nous devons conclure qu'en punissant les hérétiques, il faut user d'un peu moins de sévérité pour ceux dont les parens sont fermes dans la foi. »

« Roboam, Roi de Juda, adora bientôt les idoles des nations, Dieu l'en punit par la confiscation de ses biens, en suscitant contre lui Sesac, Roi d'Egypte, qui dévasta son Royaume, détruisit un grand nombre de Villes, & pilla le temple & Jerusalem. »

« D'un autre côté Jéroboam, Roi d'Israël, ayant érigé les veaux d'or à Samarie, fut puni par la mort de son fils, par la famine & par beaucoup d'autres fléaux. »

« Abias, fils de Roboam, suivant les traces de son pere, fut puni de mort. »

« Asa son fils, animé de l'esprit de Dieu, exerça l'Office d'Inquisiteur, brûla les idoles, & détruisit les hauts lieux, aussi son regne fut-il heureux & tranquille. »

« Hela, Roi d'Israel, idolâtre obstiné, fut assassiné par Zamri son domestique, qui regna après lui pendant sept jours, & qui remplit l'Office d'Inquisiteur, en exterminant toute la maison de Basa, pere d'Hela. »

« Sous le regne d'Achab, Roi d'Ifraël, Elie montra toute la févérité d'un Inquifiteur, en faifant mourir 850 Prophetes de Baal.

« Enfin le Roi Jofaphat, le Prophete Elifée, Jehu ; le grand Prêtre Joaïada, Ezechias , Jofias , Nabuchodonofor, Efdras , Mathatias & fes cinq fils , les Machabées & tous les perfonnages de l'Hiftoire fainte , qui ont été les Miniftres des vengeances de Dieu , étoient autant d'Inquifiteurs des hérétiques. »

« Dans la loi nouvelle, Jefus-Chrift a été le premier Inquifiteur , & il en a exercé les fonctions dès le treiziéme jour de fa naiffance, en faifant annoncer à la ville de Jérufalem par les trois Rois Mages, qu'il étoit venu au monde, & depuis , en faifant mourir Herode mangé de vers , en chaffant les vendeurs du temple , &c. & en livrant la Judée à des tyrans, qui la pillerent en punition de fon infidélité. «

« Après Jefus - Chrift , Saint Pierre , Saint Paul & les autres Apôtres , ont exercé l'Office d'Inquifiteur qu'ils ont tranfmis aux Papes & aux Evêques leurs fucceffeurs. »

Tels ont été felon A Paramo les com-

mencemens de l'Inquisition , dont *l'ar-*
bre florissant & verd , dit-il dans sa
Préface , *a depuis étendu ses racines &*
ses branches dans le monde entier, &
porté les fruits les plus doux. Nous ne
suivrons pas l'Auteur dans l'histoire
qu'il fait de l'établissement des Inquisitions dans tous les pays du monde, de
peur de fatiguer les Lecteurs, en leur
mettant sous les yeux des détails toujours révoltans pour l'humanité , par
le sang-froid , & quelquefois par la joie
cruelle avec laquelle on y rapporte les
barbaries exercées par les Inquisiteurs.
En voici cependant quelques traits.

« Moi, Frere Dominique (c'est Saint
Dominique qui parle) je reconcilie à
l'Eglise le nommé Roger , porteur des
présentes , à condition qu'il se fera
fouetter par un Prêtre trois Dimanches
consécutifs depuis l'entrée de la Ville
jusqu'à la porte de l'Eglise , qu'il fera
maigre toute sa vie , qu'il jeûnera trois
Carêmes dans l'année, qu'il ne boira jamais de vin, qu'il portera le san-benito
avec des croix, qu'il récitera le Breviai-
re tous les jours, dix *pater* dans la jour-
née & vingt à l'heure de minuit, qu'il
gardera désormais la continence & qu'il
se présentera tous les mois au Curé de

la Paroiſſe, &c. tout cela ſous peine d'être traité comme hérétique, parjure & impénitent. *Lib.* 2, *tit.* 1, *cap.* 2.

« Sous les auſpices de Sainte Madeleine, le Comte de Montfort prit d'aſſaut la Ville de Beziers, & en fit maſſacrer tous les Habitans. *Lib.* 2, *tit.* 1, *cap.* 2. »

« A Laval on brûla à une ſeule fois 400 Albigeois; dans tous les Hiſtoriens de l'Inquiſition que j'ai lus, je n'ai jamais vu un acte de foi auſſi célébre, ni un ſpectacle auſſi ſolemnel. »

« Au Village de Cazeras on en brûla 60 autres, & dans un autre endroit 180. *Ibidem.* »

« A la Guadeloupe, les Inquiſiteurs firent brûler 52 hérétiques. *cap.* 4. »

« A Séville comme on cherchoit à faire un exemple de ſévérité ſur les Juifs, Dieu qui ſçait tirer le mal du bien, permit qu'un jeune homme qui attendoit une *fille*, vit par les fentes d'une cloiſon une aſſemblée de Juifs, & les dénonça. On ſe ſaiſit d'un grand nombre de ces malheureux, & on les punit comme ils le méritoient. *Lib.* 2, *tit.* 2, *c.* 2. »

« A Séville, en vertu de divers Edits des Rois d'Eſpagne & des Inquiſiteurs généraux & particuliers établis dans ce Royaume, il y eut d'abord en fort peu

de

de tems environ deux mille hérétiques brûlés , & plus de quatre mille de l'an 1482 jufqu'à 1520 , une infinité d'autres furent condamnés à la prifon perpétuelle, ou foumis à des pénitences de différens genres. Il y eut une fi grande émigration qu'on y comptoit cinq mille maifons vuides , & dans le Diocèfe trois mille , & en tout il y eut plus de cent mille hérétiques mis à mort, ou punis de quelqu'autre maniere , ou qui s'expatrierent pour éviter le châtiment. Ainfi ces Peres pieux firent un grand carnage des Hérétiques. *Sicque pii illi patres magnam hereticorum ftragem ediderunt. Lib .2 , tit. 2 , cap. 4.* »

« A la follicitation du Frere Turrecremata , grand Inquifiteur en Efpagne, le Roi Ferdinand V. furnommé le Catholique , bannit de fon Royaume tous les Juifs , en leur accordant trois mois à compter de la publication de fon Edit , après lequel tems il leur étoit défendu fous peine de la vie de fe retrouver fur les terres de la domination Efpagnole. Il leur étoit permis de fortir du Royaume avec les effets & marchandifes qu'ils auroient achetées , mais défendu d'emporter aucune efpece ou matiere d'or & d'arget. »

Le Frere Turrecremata appuya cet
Edit dans le Diocèse de Tolede par une
défense à tous Chrétiens, sous peine
d'excommunication, de donner quoique
ce soit aux Juifs, même des choses les
plus nécessaires à la vie. »

« D'après ces Loix il sortit de la Catalo-
gne, du Royaume d'Arragon, de celui
de Valence, & des autres pays soumis à
la domination de Ferdinand, environ un
million de Juifs, dont la plupart périrent
misérablement ; de sorte qu'ils compa-
rent les maux qu'ils souffrirent en ce
tems-là à leurs calamités sous Tite &
sous Vespasien. Cette expulsion des Juifs
causa à tous les Rois Catholiques une
joie incroyable. »

« Quelques Théologiens ont blâmé ces
Edits du Roi d'Espagne, leurs raisons
principales sont qu'on ne doit pas contraindre les Infideles à embrasser la foi
de Jésus-Christ, & que ces violences
sont la honte de notre religion. »

« Mais ces argumens sont bien foibles,
& je soutiens que l'Edit est pieux, juste
& louable ; la violence par laquelle on
exige des Juifs qu'ils se convertissent,
n'étoit pas une violence absolue, mais
conditionnelle, puisqu'ils pouvoient s'y

ſouſtraire en quittant leur patrie ; d'ailleurs ils pouvoient gâter les Juifs nouvellement convertis & les Chrétiens mêmes ; or , ſelon ce que dit Saint Paul, quelle communication peut-il y avoir entre la Juſtice & l'iniquité , entre la lumiere & les ténebres , entre Jeſus-Chriſt & Belial ? »

« Quant à la confiſcation de leurs biens, rien de plus juſte , parce qu'ils les avoient acquis par des uſures envers les Chrétiens , qui ne faiſoient que reprendre ce qui leur appartenoit. »

« Enfin par la mort de Notre Seigneur , les Juifs ſont devenus eſclaves ; or tout ce qu'un eſclave poſſede appartient à ſon maître : ceci ſoit dit en paſſant contre les injuſtes cenſeurs de la piété , de la juſtice irrépréhenſible & de la ſainteté de l'Edit du Roi Catholique. *Lib.* 2 , *tit.* 2 , *cap.* 6. »

» L'établiſſement de l'Inquiſition à Tolede fut une ſource féconde de biens pour l'Egliſe Catholique. Dans le court eſpace de deux ans, elle fit brûler 52 hérétiques obſtinés , & 220 furent condamnés par contumace : d'où l'on peut conjecturer de quelle utilité cette Inquiſition a été depuis qu'elle eſt établie ,

puifqu'en fi peu de tems elle avoit fait
de fi grandes chofes. *Lib.* 2 , *tit.* 2 ,
cap. 7. »

« L'an 1315, quelques milliers d'hérétiques s'étant répandus dans le Cremafc,
les Freres Dominicains en firent brûler
la plus grande partie , & arrêterent par
le feu les ravages de cette pefte. *Lib.* 2 ,
tit. 2 , *cap.* 25. »

« Au commencement de l'établiffement
de l'Inquifition dans le Milanois , vers
le milieu du treiziéme fiécle , les hérétiques n'étoient point foumis à la peine
de mort dont ils font cependant fi dignes , parce que les Papes n'étoient pas
affez refpectés de l'Empereur Frederic
qui poffedoit cet Etat , mais peu de tems
après , c'eft-à-dire vers 1242 , on brûla
les hérétiques à Milan comme dans les
autres endroits de l'Italie. *Lib.* 2 , *tit.*
2 , *cap. 30.* &c. &c. &c. »

Poftfcriptum de l'Editeur.

Il fe trouvera peut-être des per-
fonnes honnétes & des ames fenfibles
qui nous blâmeront d'avoir mis fous

leurs yeux les tableaux affreux
que nous venons de préfenter ; elles
demanderont quel avantage ou quel
plaifir on peut trouver à arrêter fes
regards fur des objets auffi révoltans.

Pour repouffer ces reproches, il
nous fuffira de remarquer que c'eft
précifément parce que ces tableaux
font révoltans, qu'il eft néceffaire de
les montrer pour en infpirer l'horreur ; qu'après tout, ces cruautés
ont été applaudies pendant plufieurs
fiécles par des Nations que nous ap-
pellons polies, & qui prétendoient
avoir une morale, que dans plufieurs
pays de l'Europe ces maximes hor-
ribles font encore regardées comme
facrées ; que dans d'autres ce n'eft

que depuis peu de tems, & encore à peine qu'il est permis d'en rire & de s'en indigner ; enfin, & ce trait seul nous justifiera, on a imprimé à Paris en 1758 l'Apologie de la Saint Barthelemy (a) ; il est donc encore utile d'écrire sur l'Inquisition.

(a) L'Auteur est M. l'Abbé de Caveyrac.

F I N.